税收筹划
与现代企业财务管理

赵晋秀　何孝军　邓冠玉 ◎ 著

哈尔滨出版社
HARBIN PUBLISHING HOUSE

图书在版编目（CIP）数据

税收筹划与现代企业财务管理／赵晋秀，何孝军，邓冠玉著. -- 哈尔滨：哈尔滨出版社，2025.1

ISBN 978-7-5484-7866-9

Ⅰ.①税… Ⅱ.①赵… ②何… ③邓… Ⅲ.①税收筹划②企业管理-财务管理 Ⅳ.①F810.423②F275

中国国家版本馆 CIP 数据核字（2024）第 091120 号

书　　名：**税收筹划与现代企业财务管理**
SHUISHOU CHOUHUA YU XIANDAI QIYE CAIWU GUANLI

作　　者：赵晋秀　何孝军　邓冠玉　著

责任编辑：李金秋

出版发行：哈尔滨出版社（Harbin Publishing House）

社　　址：哈尔滨市香坊区泰山路 82-9 号　邮编：150090

经　　销：全国新华书店

印　　刷：北京虎彩文化传播有限公司

网　　址：www.hrbcbs.com

E - mail：hrbcbs@yeah.net

编辑版权热线：（0451）87900271　87900272

销售热线：（0451）87900202　87900203

开　　本：880mm×1230mm　1/32　印张：5　字数：117 千字

版　　次：2025 年 1 月第 1 版

印　　次：2025 年 1 月第 1 次印刷

书　　号：ISBN 978-7-5484-7866-9

定　　价：48.00 元

前　　言

我国社会经济水平逐步提高,税收体制也日益完善,现代企业在激烈的市场竞争中必须占有市场地位,才能够确保实现稳定和可持续发展。当前,在企业持续发展并进行税收规划管理的同时,企业财务管理工作变得越来越重要,财务管理工作可以对企业当前的利益及日后的发展产生影响。因此,企业需要在平时的工作中关注财务管理相关工作,侧重于制度层面上的建设。随着税收政策的不断调整与市场经济的发展,企业对于合理避税、节税的需求日益增长,这使得税收筹划在现代企业财务管理中的地位愈发重要。通过科学合理的税收筹划,企业能够有效降低税负,提高资金利润率,进而实现财务管理的目标。

税收筹划与现代企业财务管理之间存在着密切的关系。税收筹划是财务管理的重要环节,对于降低企业成本、增加经济效益具有重要作用。为了实现企业价值的最大化,企业应充分认识到税收筹划在现代财务管理中的地位和作用,积极探索有效的税收筹划策略,加强财务管理与税收筹划的协调与配合,以适应市场经济的发展要求。

本书共分为 6 个章节,主要以税收筹划的基本理念以及对企业财务管理基本概述为研究基点,通过本书的介绍让读者对税收筹划与现代企业财务管理有更加清晰的了解,进一步摸清企业财务管理与财务分析,为税收筹划与企业财务管理研究提供更加广阔的用武空间。在这样的一个背景下,企业财务管理中税收筹划风险的防范与管理仍然有许多空白需要填补,需要运用现代的先进理论、观念和科学方法进一步深入地开展大数据时代企业财务管理的研究工作,以适应不断发展的新形势。

目　　录

第一章　税收筹划的基本理念

第一节　税收筹划基本技术

一、平衡点技术

（一）平衡点技术的内涵

平衡点技术在税收筹划中确实是一种非常常见且重要的技术。这是因为大多数的筹划方案都需要对原有的经营模式或生产流程进行一定的调整和改进。这种调整和改进往往涉及对不同税收政策的比较和选择。首先，平衡点技术可以帮助企业更好地理解不同税收政策的影响。在制订税收筹划方案时，企业需要对各种税收政策进行深入的研究和分析，了解不同政策对企业的税负和经济效益的影响。通过使用平衡点技术，企业可以将这些影响量化和可视化，从而更加准确地评估不同税收政策的优劣。其次，平衡点技术可以帮助企业做出最优的决策。在制订税收筹划方案时，企业需要在不同的方案之间进行比较和选择，以确定最优的方案。通过使用平衡点技术，企业可以更加全面地考虑各种因素的影响，并准确地预测不同方案的预期结果。这有助于企业做出更加科学、合理的决策,实现税收筹划的目标。此外,平衡点技术还可以帮助企业更好地控制风险。通过使用平衡点技术,企业可以更加准确地预测不同方案的风险水平,并据此制定更加科学、合理的风险控制策略。这有助于企业降低税收筹划的风险,提高筹划的成功率。

(二)平衡点技术的作用

通过使用平衡点技术,企业可以更好地理解不同税收政策的影响,做出最优的决策,并更好地控制风险。因此,企业在制订税收筹划方案时应该充分运用平衡点技术,以实现税收筹划的目标并提高企业的经济效益。除了平衡点技术,税收筹划还有其他多种技术。例如,创造条件规划法是一种使纳税人成为免税人或从事免税活动的规划方法;免税筹划的使用则是合法使用减税计划;采用分裂技术规划法则是在合理的情况下使收入在两个或两个以上纳税人之间分割;税收抵免计划的使用和推迟税务筹划的使用都是合法节税的措施。这些技术在实际操作中具有各自的优缺点和使用条件。因此,在进行税收筹划时,企业应根据自身的实际情况和需求选择合适的技术或综合运用多种技术来实现税收筹划的目标。同时,企业也应注意遵守法律法规和税收政策的要求,避免违法行为带来的风险和损失。另外,在进行税收筹划时还应充分考虑企业的整体战略和发展目标。

二、税基减税技术、税率减税技术、应纳税额减税技术

税基减税技术、税率减税技术、应纳税额减税技术,这三大技

术是当前税收领域中用于实现减税目标的重要策略。它们在减轻企业负担、激发市场活力、优化税收结构等方面发挥着关键作用。

（一）税基减税技术

税基减税技术主要是通过缩小税基来实现减税。税基，即税收的计算基础，决定了税收的多少。通过合理调整税收政策，如提高起征点、增加免税额、设立税收抵免等，可以有效减少税基，从而降低纳税人的税收负担。这种技术对于中小企业和低收入群体尤为重要，能够让他们在经济发展中更好地分享红利。

（二）税率减税技术

税率减税技术则是通过降低税率来实现减税目的。税率是税收制度的核心要素，直接决定了税收的高低。通过降低税率，可以有效减轻纳税人的税收负担，增加其可支配收入，从而刺激消费和投资需求，促进经济增长。近年来，我国多次降低增值税、企业所得税等税种的税率，为企业发展提供了有力支持。

（三）应纳税额减税技术

应纳税额减税技术是最为直接的一种减税方式，它通过直接减少纳税人应纳税额来实现减税。这种方式通常包括税收减免、税收抵免、税收返还等形式。应纳税额减税技术具有针对性强、操作简便等特点，能够有效解决纳税人在特定情况下的税收负担问题。

这三大减税技术在实践中往往相互配合、协同发力，形成综合性的减税效应。例如,在支持小微企业发展方面,既可以通过提高增值税起征点、降低企业所得税税率来缩小税基、降低税率,又可以通过实施税收减免政策来直接减少应纳税额,从而为小微企业提供全方位的税收支持。

三、推迟纳税义务发生时间减税技术

推迟纳税义务发生时间减税技术,作为一种有效的税收管理策略,在现代企业的财务管理中越来越受到重视。其核心思想是通过合法手段,将纳税义务发生的时间点向后推迟,从而使企业在一段时间内能够自由支配原本应缴纳的税款,获取资金的时间价值,间接实现减税的效果。这种技术的运用,首先要求企业必须严格遵守税法和相关法规,确保所有的推迟纳税行为都是在法律允许的范围内进行的。企业可以通过合理利用税收法规中的延期纳税条款,或者通过调整会计处理方法等手段,来合法地推迟纳税时间。

其一,在一定程度上缓解企业的现金流压力。对于资金密集型或者处于快速扩张期的企业来说,推迟纳税相当于获得了一笔无息贷款,可以用这部分资金来支持企业的日常运营、扩大生产规模或者进行投资活动,从而提高资金的使用效率。

其二,推迟纳税能够提升企业应对市场风险的能力。在市场环境不确定的情况下,保持充足的现金流对于企业的生存和发展至关重要。通过推迟纳税,企业可以在关键时刻拥有更多的可支配资金,以应对可能出现的市场波动和风险挑战。

其三,推迟纳税义务发生时间减税技术有助于优化企业的税收结构。通过合理安排纳税时间,企业可以在不违反税法的前提下,实现税收在不同会计期间的均衡分布,避免出现过高的税负集中在某一时期的情况,从而降低企业的整体税收负担。然而,需要强调的是,推迟纳税并不等同于逃税或避税。企业在运用这一技术时,必须确保所有的操作都是在法律允许的范围内进行的,不能以牺牲法律的尊严和公平为代价来追求减税的效果。

四、免税筹划技术、减税筹划技术与税率差异筹划技术

(一)免税筹划技术

免税筹划技术,作为税务筹划领域的一种重要策略,其核心目标是在合法、合理的前提下,使纳税人成为免税人,或引导纳税人从事免税活动,从而达到无须缴纳税款或减少税款支出的目的。这种技术对于优化企业税收结构、提高税收效益具有重要意义。通过免税筹划技术,企业可以在合法合规的前提下,减轻税收负担,提高经济效益。免税筹划技术的运用需要充分了解税法和相关政策。在国家税收法规中,往往会对某些行业、领域或特定活动给予免税待遇。例如,对于高新技术企业、节能环保项目等,国家通常会给予一定的税收优惠政策。企业可以通过调整经营范围、改变经营方式或创新业务模式等途径,使自身符合免税条件,从而享受免税待遇。此外,免税筹划技术还需要关注税收政策的动态变化。随着国家经济政策和税收政策的不断调整,免税的范围和条件也可能发生变化。因此,企业需要密切关注税收政策的变化,

及时调整免税筹划方案,以确保免税筹划的合法性和有效性。

(二)减税筹划技术

企业借助减税筹划技术可以在合法的前提下,优化税收结构,降低税收成本,从而提升自身的营利能力和市场地位。企业需要充分了解国家税收政策的导向和优惠措施,结合自身的经营特点和业务需求,制订切实可行的减税计划。例如,通过合理利用税收抵免、税收扣除、税收递延等政策工具,企业可以有效地减少应纳税额,实现节税的目的。此外,减税筹划技术还需要注重策略性和灵活性。同时,企业还需要充分考虑减税筹划可能带来的其他影响,如税务风险、管理成本等,确保减税筹划的综合效益最大化。

(三)税率差异筹划技术

税率差异是税收制度设计中的一个固有特征。不同税种、不同税目、不同地区甚至不同时间都可能存在税率上的差异。这种差异为企业提供了进行税务筹划的空间。通过仔细研究税法规定和税率结构,企业可以发现并利用这些税率差异,将自身经营活动与较低税率相匹配,从而降低税收负担。在实际操作中,税率差异筹划技术需要企业具备较高的税务专业知识和敏锐的市场洞察力。一方面,企业需要充分了解税法规定和税收政策,掌握各种税种、税目的税率及其适用范围。另一方面,企业需要结合自身经营特点和业务需求,分析不同税率对自身税负的影响,选择最有利的纳税方法。

五、分裂技术筹划法、税收抵免筹划技术与退税筹划技术

(一)分裂技术筹划法

不同纳税人往往面临不同的税率和税收待遇。通过合理地将收入或资产进行分割,可以使各部分收入或资产适用不同的税率,从而达到降低整体税负的效果。例如,对于高收入个人,可以通过将部分收入转移到家庭成员名下,利用家庭成员较低的税率来实现节税;对于企业,可以通过在不同地区或不同子公司之间合理分配利润和成本,来优化整体的税收结构。分裂技术筹划法的实施需要建立在对税法和相关政策的深入理解之上。纳税人需要充分了解税率的差异、税收优惠政策以及税法中关于收入确认和资产转移的规定。同时,还需要考虑分割收入或资产可能带来的其他影响,如管理成本、法律风险等。因此,在制订分裂筹划方案时,需要综合考虑各种因素,确保筹划活动的合法性和有效性。此外,随着税收法规和政策的不断变化,分裂技术筹划法也需要不断地进行更新和调整。

(二)税收抵免筹划技术

税收抵免是一种重要的税收优惠措施。它允许纳税人在计算应纳税额时,将某些特定的支出或费用从应纳税额中扣除,从而减少实际应缴纳的税款。通过合理利用税收抵免政策,企业可以有效降低税负,提高营利能力。企业需要充分了解国家税收抵免政

策的具体内容、适用范围和限制条件,结合自身的经营特点和业务需求,制订切实可行的税收抵免筹划方案。例如,企业可以通过增加研发投入、提高环保投入等方式,增加符合税收抵免条件的支出,从而获得更多的税收抵免额。

(三)退税筹划技术

无论是企业还是个人,都有可能因为各种原因而多缴了税款。这些多缴的税款,如果不通过退税筹划技术进行申请退还,就会成为企业的无谓损失,增加企业的经营成本,降低企业的营利能力。因此,退税筹划技术的重要性不言而喻。退税筹划技术的实施,需要建立在对税收法规的深入理解和准确把握的基础上。纳税人需要充分了解税收法规中关于退税的规定,明确退税的条件、程序和要求。同时,还需要结合自身的实际情况,制订切实可行的退税计划,确保退税申请的合法性和有效性。在退税筹划过程中,纳税人需要注意几个关键点。第一,要确保退税申请的合法性。退税申请必须符合税收法规的规定,不能违反法律的原则和精神。第二,要注重退税申请的时效性。退税申请必须在规定的时限内提出,否则可能会丧失退税的权利。第三,要关注退税申请的证据性。退税申请必须提供充分的证据材料,证明多缴税款的事实和金额。

退税筹划技术的成功运用,不仅可以为企业带来直接的经济效益,还可以提升企业的税务管理水平。通过退税筹划,企业可以及时发现并纠正税务处理中的错误和漏洞,完善内部的税务管理制度和流程,降低税务风险的发生概率。

第二节 税收筹划的工作流程

一、确定目标

(一)降低税务成本

通过合理的税务安排和优化税收结构,企业可以降低税务成本,增加企业的经济收益。这可以通过多种方式实现,如合理利用税收优惠政策、调整业务结构、优化投资决策等。

(二)提高企业的营利能力

营利能力是企业经营绩效的重要指标之一,通过税收筹划降低税务成本可以增加企业的净利润,从而提高企业的营利能力。此外,规避涉税风险也是企业进行税收筹划的一个重要目标。涉税风险是指企业在纳税过程中面临的各种不确定性因素,如税务检查、税务争议、税款滞纳等。通过合理的税收筹划,企业可以降低涉税风险、避免不必要的经济损失和社会声誉损失。根据不同的目标,企业可以制订不同的税收筹划方案。例如,为了降低税务成本,企业可以合理利用税收优惠政策、调整业务结构、优化投资决策等;为了提高营利能力,企业可以优化资产配置、提高财务管理水平、增强企业的竞争力等;为了规避涉税风险,企业可以加强内部控制、规范税务操作、建立风险预警机制等。

二、收集信息

（一）国家税收法规信息

国家税收法规信息对于企业的税务处理和税收筹划具有至关重要的意义。税收法规不仅规定了企业应缴纳的税种和税率，还明确了税收优惠政策和税收征管程序等关键要素。这些规定为企业提供了明确的税务操作指南，确保了税收的公平性和合理性。不了解或误解税收法规可能会给企业带来严重的后果。一方面，企业可能因为对税种和税率的误解而导致少缴或多缴税款，从而面临税务部门的罚款和滞纳金。另一方面，如果企业未能充分利用税收优惠政策，就可能会错过降低税负的机会，增加税务成本。更为严重的是，违反税收法规还可能导致企业承担刑事责任，给企业的声誉和长期发展带来不可挽回的损失。因此，企业必须密切关注国家税务总局、财政部等政府部门发布的最新税收法规，确保及时了解和掌握税收政策的最新动态。同时，企业还需要加强内部税务人员的培训和管理，提高他们的专业素养和法规意识，确保将税收法规准确应用于日常的税务处理和税收筹划中。只有这样，企业才能有效规避税务风险，实现税务合规和经济效益的双重目标。

（二）会计制度信息

会计制度信息在企业税务申报和税收筹划中扮演着至关重要的角色。会计制度规定了企业如何记录和报告其经济活动，包括收入、成本、费用等要素的确认和计量方法。这些信息直接影响了企业应税收入的计算和扣除项目的确定,从而决定了企业的应纳税额。熟悉并遵循相关的会计制度对于确保会计处理的准确性和合规性至关重要。不同的会计处理方法可能导致不同的应税收入或扣除项目,进而影响企业的税负水平。例如,对于研发费用的处理,不同的会计政策可能导致费用化或资本化的不同选择,从而影响企业的当期利润和税收负担。因此,企业需要深入了解并严格遵守相关的会计制度规定。这包括了解会计科目的设置和使用、掌握会计政策的选择和应用、熟悉会计报表的编制和披露要求等。同时,企业还需要加强内部会计人员的培训和管理,提高他们的专业素养和制度意识,确保会计处理的规范性和准确性。

通过熟悉并遵循会计制度信息,企业可以为税收筹划提供可靠的数据基础。这有助于企业合理规划税务事项、优化税收结构、降低税务成本,从而提高企业的经济效益和市场竞争力。同时,规范的会计处理也有助于提升企业的财务管理水平和信息披露质量,为企业的长期发展奠定坚实基础。

(三)行业动态信息

不同行业的企业可能面临不同的税务问题和挑战,了解行业动态可以帮助企业更好地把握其所在行业的税收环境和趋势。例如,对于高新技术企业,了解国家关于研发费用的税收优惠政策,可以帮助其合理规划研发支出,降低税务成本。因此,企业需要关注行业协会、专业机构等发布的行业动态信息,并将其纳入税收筹划的考虑范围。在收集这些信息的过程中,企业还需要注意信息的准确性和时效性。由于税收法规、会计制度和行业动态都可能随着时间的推移而发生变化,企业需要建立有效的信息收集和更新机制,确保所获得的信息始终是最新的。同时,企业还需要对收集到的信息进行深入的分析和处理,提取出对税收筹划有价值的信息,为制订合理的税收筹划方案提供有力的支持。

三、设计方案

设计备选的税收筹划方案是税收筹划过程中至关重要的环节,它要求对税收环境等有深入的了解,并在此基础上制订出多个可能的方案。这一步骤需要综合考虑各种因素,权衡利弊,以确定最佳的筹划策略。首先,企业需要对收集到的信息进行整理和分析,深入了解税收政策和市场环境。企业需要仔细研究税收政策法规,掌握各种税种的税率、计税依据、优惠政策等细节,以便在合法合规的前提下寻找降低税负的可能性。同时,企业还需要对市场环境进行全面的分析,了解行业趋势、竞争对手情况以及客户需求等信息,以便更好地制订符合市场需求的税收筹划方案。在深入了解税收政策和市场环境的基础上,企业可以开始设计备选的税收筹划方案。这些方案可能包括不同的税收优惠政策、组织形式的选择、业务流程的优化等方面。企业需要充分考虑每个方案的可行性和风险,评估其对企业的整体影响。同时,企业还需要根据实际情况对方案进行量化和预测,以便更准确地评估方案的效益和成本。在制订备选方案时,企业还需要注意方案的合法性和合规性。

税收筹划必须在不违反税收法律法规的前提下进行,任何违规行为都可能导致企业的税务风险和法律责任。此外,企业还需要考虑方案的灵活性和可持续性。税收筹划方案应根据市场环境和税收政策的变化进行适时调整,以确保其始终能反映当前的税收环境和企业的实际需求。同时,企业还需要确保方案的可持续性,以便长期稳定地降低税负和提高经济效益。综上所述,设计备选的税收筹划方案是一个需要综合考虑各种因素的过程。

企业需要深入了解税收政策和市场环境,评估不同方案的可行性和风险,确保方案的合法性和合规性,同时考虑方案的灵活性和可持续性。在实际操作中,企业可以借助专业机构的力量来帮助制订更加科学和有效的税收筹划方案。通过这一步骤的细致工作,企业可以制订出一个或多个较为周密的税收筹划方案,为后续的方案选择和实施打下坚实的基础。值得一提的是,企业在设计备选方案时还应注重整体性和系统性。税收筹划不仅仅是单一税种的优化,而是需要综合考虑企业整体税负和各个税种之间的相互影响。因此,企业需要从全局出发,分析各税种之间的关系,制订出有利于整体税负降低的方案。同时,企业还应关注财务管理和会计处理的细节问题,确保税收筹划方案的顺利实施。另外,企业在设计备选方案时还应充分考虑风险因素。税收筹划虽然能为企业带来税收利益,但也伴随着一定的风险。企业需要认真评估备选方案的风险水平,并采取有效的风险控制措施。这包括建立完善的风险管理体系、加强内部税务审计、定期对税收筹划方案进行评估和调整等。

四、方案评估

评估的目的不仅是分析各个方案的优缺点，更是为了确定哪个方案最符合企业的实际需求和长远发展目标。在这一过程中，企业需从多个维度进行考量，确保所选方案既切实可行，又能为企业带来最大的利益。

（一）评估税收筹划方案的税务成本效益

税务成本效益的评估是企业在选择税收筹划方案时的关键环节。税务成本不仅仅是企业需要缴纳的税款，更包括与税收活动相关的所有费用。为了准确评估各方案的税务成本，企业需要对每个方案进行详细的分析，量化其税务成本，并与其他方案进行比较。这种比较不仅要看税务成本的绝对值，更要看其对企业净利润的相对影响。除了税务成本，企业还需关注非税成本。这些成本可能包括为实施筹划方案而增加的管理成本、人力成本等。这些非税成本虽然不直接反映在税务上，但会对企业的整体经济效益产生影响。因此，在评估税务成本效益时，企业必须将这些非税成本也纳入考虑范围，进行综合权衡。企业应选择税务成本效益最高的方案。这并不意味着税务成本最低的方案就是最好的，而是要找到税务成本和非税成本之间的最佳平衡点，确保企业的整体经济效益最大化。

（二）评估税收筹划方案的可行性和可操作性

税收筹划方案的可行性和可操作性是企业在选择方案时必须

考虑的重要因素。一个方案再好,如果无法在企业内部顺利实施,或者实施起来难度极大,那么这个方案对企业来说就没有实际意义。为了评估方案的可行性,企业需要对方案的实施难度、所需资源、可能面临的困难和挑战等进行全面分析。这种分析不仅要基于企业当前的实际情况,还要考虑企业未来的发展趋势和可能的变化。同时,企业还需要考虑市场环境的变化趋势,分析方案的可持续性和长期效益。因为一个好的税收筹划方案不仅要在短期内为企业带来效益,更要在长期内保持其有效性和优势。在评估方案的可操作性时,企业需要关注方案的实施流程、操作步骤、人员配置等具体细节。这些细节决定了方案能否在企业内部得到顺利执行。因此,企业需要选择那些既符合企业实际情况又具有可行性的方案,确保方案能够在企业内部得到有效实施并为企业带来长期效益。

(三)评估税收筹划方案的风险控制能力

税收筹划在为企业带来节税效益的同时,也伴随着潜在的风险。这些风险可能源于税收法规的变化、税务部门的审查或者企业内部操作的失误等。因此,在评估税收筹划方案时,企业必须重视风险控制能力的评估。

为了有效识别和分析风险,企业需要对各个方案进行全面审查,了解方案实施过程中可能遇到的不确定性和潜在问题。这包括对税收法规的深入理解、对税务部门审查流程的熟悉,以及对企业内部操作风险的评估。

在评估风险控制能力时,企业不仅要考虑风险发生的可能性,还要评估风险对企业的影响程度。同时,企业还需要考虑自身对风险的应对能力,包括风险预警机制的建立、风险应对措施的准备等。通过综合权衡风险与收益,企业应选择那些风险控制能力较强的税收筹划方案,确保在追求节税效益的同时,有效规避潜在风险。

(四)评估税收筹划方案与整体发展战略的协调性

企业的整体发展战略是企业长期发展的指导纲领,它决定了企业的发展方向、资源配置和优先事项。税收筹划方案作为企业财务管理的重要组成部分,必须与企业整体发展战略相协调。

在评估税收筹划方案时,企业需要将其置于整体发展战略的框架下进行审视。首先,方案应与企业的战略目标保持一致,有助于企业实现长期盈利和可持续发展。其次,方案应与企业的其他财务和管理策略相互补充,形成协同效应。例如,税收筹划方案应与企业的投资策略、融资策略等相协调,共同推动企业的财务健康增长。通过对比分析各个方案与企业整体发展战略的契合度,企业可以选择那些最符合战略要求的税收筹划方案,确保方案在实施过程中能够得到企业战略的支持和保障。

(五)评估税收筹划方案的灵活性和可持续性

税收筹划方案的灵活性和可持续性对于企业的长期发展至关重要。灵活性是指方案能够适应内外部环境的变化,包括税收政策、市场条件、企业经营状况等的变化。可持续性则是指方案能够在长期内保持其有效性和优势,为企业带来持续的节税效益。在评估方案的灵活性和可持续性时,企业需要关注方案的适应能力和长期效益。首先,方案应具有一定的弹性空间,能够应对税收政策等外部环境的变化。例如,方案可以包括多种备选策略,以便在税收政策调整时能够迅速调整筹划策略。其次,方案应考虑企业的长期发展需求,避免短期行为对企业长期利益造成损害。

通过选择具有较强灵活性和可持续性的税收筹划方案,企业可以更好地应对市场变化和政策调整的挑战,保持税收筹划的长期有效性。

五、方案实施

(一)明确各个部门在税收筹划实施过程中的角色和责任

税收筹划方案的实施往往涉及多个部门,如财务、税务、法务、业务等。企业需要制订详细的实施计划,明确各个部门的具体任务和时间节点,确保方案的顺利推进。同时,企业还需要建立跨部门的协调机制,加强部门之间的沟通和合作,共同解决实施过程中遇到的问题和困难。

(二)与外部利益相关方进行充分的沟通和协调

税收筹划方案的实施可能涉及与供应商、客户、会计师事务所等外部利益相关方的合作与交流。企业需要与这些利益相关方保持密切的联系,及时沟通方案实施的情况和影响,争取他们的理解和支持。在与外部利益相关方沟通时,企业需要充分考虑其利益和诉求,寻求共赢的解决方案,确保方案的顺利推进。为了确保税收筹划方案的顺利实施,企业还需要建立完善的监督和管理机制。企业可以设立专门的监督小组或指定专门的负责人,对方案的实施进行全程跟踪和监督。监督小组或负责人需要定期对方案实施情况进行评估和检查,及时发现和纠正存在的问题,确保方案的执行效果。

(三)建立相应的管理机制

建立相应的管理机制,如绩效考核、奖惩机制等,激励员工积极参与税收筹划方案的实施,提高实施效果和效率。此外,企业还需要关注内外部环境的变化,持续优化和调整税收筹划方案。市场环境和税收政策的变化可能会影响方案的实施效果和企业的利益。企业需要时刻关注这些变化,及时调整和更新税收筹划方案,确保其始终符合最新的政策和市场环境。

六、效果评估

在评估税收筹划效果时,企业首先需要明确评估的标准和目标。这些标准和目标应该与企业在设计方案时确定的预期目标相一致,这样才能准确衡量方案的实际效果。例如,企业可以设定降低税务成本、提高税后利润、优化税收结构等具体的评估标准,并通过对比实际数据和预期目标来评估方案的实施效果。如果评估结果显示税收筹划方案的实施效果未达到预期目标,企业需要及时进行调整和改进。首先,企业需要重新审视设计方案,分析方案是否存在设计上的缺陷或不足。例如,方案可能未充分考虑市场环境的变化趋势、税收政策的调整等因素,导致实施效果不佳。在这种情况下,企业需要对方案进行修订和完善,确保其更符合企业的实际情况和需求。同时,企业还需要审视方案的实施过程,分析实施过程中是否存在问题。例如,实施过程中可能出现了执行不力、沟通协调不畅、监督不到位等问题,导致方案未能得到有效实施。针对这些问题,企业需要采取相应的措施进行改进,如加大执行力度、优化沟通协调机制、完善监督机制等。在调整和改进过程中,企业需要保持开放和灵活的态度。由于市场环境、税收政策等因素的不断变化,税收筹划方案也需要不断地进行适应和调整。因此,企业需要密切关注外部环境的变化趋势,及时调整和改进税收筹划方案,确保其始终符合企业的实际情况和需求。

七、对该税收方案进行监管、改进

对该税收方案进行监管、评估并改进是税收筹划过程中至关重要的环节,它要求企业持续关注方案的实施情况,及时发现和解决潜在问题,以确保方案的顺利实施和长期稳定发展。首先,企业应建立健全的监管机制,对税收筹划方案的实施进行全面的监督和管理。企业应制订详细的监管计划,明确监管的范围、频次和方式,以确保对方案实施情况的全面掌握。同时,企业应建立有效的信息收集和分析机制,及时获取相关的财务和非财务信息,以便对方案的效果进行实时评估和监控。在监管过程中,企业应注重对税收筹划方案的合规性进行审查。企业应确保所有操作符合税收政策和相关法律法规的要求,防止出现违规行为。同时,企业应关注财务管理和会计处理的规范性,确保财务数据的真实、准确和完整。对于发现的合规性问题,企业应及时采取措施进行纠正和整改,防止问题扩大和恶化。其次,企业应对税收筹划方案的实施效果进行定期评估和反馈。企业应制订科学的评估指标和评估方法,对方案的税后利润、税负率、现金流等财务指标进行量化和分析,以便准确评估方案的经济效益。同时,企业还应关注内部管理效率、员工满意度等非财务指标,以全面评估方案的实施效果。

在评估的基础上,企业应及时反馈结果,对效果好的方面进行总结和推广,对效果不好的方面进行分析和改进。在评估和反馈的过程中,企业应注重与各方的沟通和协作。企业应积极与项目团队成员、相关部门和利益相关者进行沟通和交流,了解他们对方案实施效果的看法和建议。通过充分的沟通和协作,企业可以更好地了解方案的实际情况,发现潜在问题,并采取针对性措施进行改进。此外,企业应注重对税收筹划方案进行持续改进和创新。税收政策和市场环境是不断变化的,企业应不断更新和优化税收筹划方案,以适应这些变化。企业可以借鉴行业最佳实践、引入新的税收筹划工具和方法、加强内部培训和教育等方式,提高方案的执行力和效果。同时,企业还应鼓励创新思维和方法的应用,探索新的税收筹划机会和可能性,以实现降低税负和提高经济效益的目标。

第二章 税收筹划的财务协调与内部控制

第一节 税收筹划的财务目标约束

一、降低税负

降低税负是企业税收筹划的核心目标之一,也是企业进行税收筹划的最直接动机。通过合理利用税收政策和税法规定,企业可以优化税务结构,减少应缴纳的税款,降低财务成本,提高经济效益。首先,企业需要了解税收政策和税法规定。税收政策和税法规定是企业进行税收筹划的基础和依据。企业需要全面了解和掌握税收政策和税法规定,特别是与自身业务相关的税收条款和规定,以便更好地进行税收筹划。在了解税收政策和税法规定的基础上,企业可以根据自身的经营情况和税务需求,制订出合理的税务计划和方案。其次,企业需要合理利用税收政策和税法规定。税收政策和税法规定是企业进行税收筹划的重要工具和手段。企业需要深入研究税收政策和税法规定,发现其中的优惠政策和税收减免措施,并加以合理利用。同时,企业还需要关注税法规定的细节和变化,及时调整和优化税务计划和方案,以避免因违反税法规定而导致的税务风险和损失。此外,企业还需要加强与税务部门的沟通和合作。税务部门是企业进行税收筹划的重要合作伙伴和监管机构。企业需要与税务部门建立良好的沟通和合作关系,了解税务部门的政策导向和执法要求,及时解决税务问题,确保税收筹划的合法性和合规性。同时,企业还需要关注税务部门的规定和通知,以便及时掌握税收政策和税法规定的变化情况。

二、资金利用效率

税收筹划的另一个重要目标是提高资金的利用效率。资金是企业运营的血液,合理地安排和利用资金对于企业的生存和发展至关重要。首先,税收筹划有助于企业优化资金结构。企业可以通过合理的税务安排,降低税负,从而增加可支配资金的数量和流动性。这些可支配资金可以用于企业的生产经营、投资扩张、技术研发等方面,为企业创造更多的价值。同时,合理的税务安排还可以降低企业的财务成本,提高企业的营利能力和竞争力。其次,税收筹划有助于企业减少资金占用。通过合理的税务计划,企业可以优化业务流程,减少不必要的中间环节和冗余操作,从而降低资金占用的时间和成本。例如,企业可以通过合理安排采购、生产和销售等环节的税务计划,减少库存积压和应收账款的回收周期,提高资金的周转速度和使用效率。此外,税收筹划还可以为企业提供更多的投资机会和资金来源。通过合理利用税收政策和税法规定,企业可以发现更多的投资机会和资金来源,从而扩大企业的经营规模和市场份额。例如,企业可以利用税收优惠政策进行技术研发、扩大生产规模或投资新兴产业等,进一步增强自身的竞争力和市场地位。

三、风险控制

税收筹划的风险控制是重要的财务目标约束之一,也是企业进行税收筹划过程中必须关注的重要方面。税收筹划的风险控制涉及政策风险、操作风险、信誉风险等多个方面,这些风险可能对企业的税收筹划产生重大影响,甚至可能导致筹划失败或者带来不必要的损失。因此,企业需要建立健全的风险控制体系,采取相应的措施进行风险控制和化解,确保税收筹划的安全和稳定。首先,企业需要关注政策风险。税收政策和税法规定是企业进行税收筹划的基础和依据,但政策和规定的变化也可能给企业的税收筹划带来风险。同时,企业还需要加强对税收政策和税法规定的学习和掌握,提高对政策变化的敏感度和应对能力。其次,企业需要关注操作风险。税收筹划的具体操作过程中也可能出现风险,例如筹划方案的实施不力、操作不当等。企业需要建立健全的内部控制体系,规范税务操作流程,确保筹划方案的顺利实施。

四、合法合规性

合法合规性是企业税收筹划的基本要求,也是企业进行税收筹划的前提和基础。只有这样,企业才能避免因违反税收法规而面临的税务风险和法律责任,确保企业的长期稳定发展。首先,企业需要全面了解和掌握税收法规和税务部门的要求。税收法规和税务部门的要求是企业进行税收筹划的重要依据和标准。企业需要定期学习和研究税收法规和政策,及时掌握最新的税收政策和规定,以便更好地进行税收筹划。同时,企业还需要加强对税务部门要求的了解,确保企业的税收筹划符合税务部门的要求和标准。其次,企业需要确保税收筹划方案的合法性和合规性。企业在制订税收筹划方案时,必须严格遵守税收法规和政策,不得违反任何法律规定和税务部门的要求。对于存在法律风险和合规问题的筹划方案,企业需要及时进行调整和优化,避免因操作不当导致的税务风险和损失。此外,企业还需要加强对税收法规的学习和培训。

五、增强竞争优势

合理的税收筹划在增强企业竞争优势方面扮演着关键角色。通过一系列有效的手段,如降低税负、提高资金利用效率、控制税收风险等,企业可以显著提升自身的营利能力和市场竞争力,从而更好地应对复杂多变的市场环境。首先,降低税负是企业税收筹划的重要目标之一。通过深入研究税收政策和税法规定,企业可以制订出最优的税务方案,合理规避税收风险,减少不必要的税务支出。这不仅可以减轻企业的经济负担,提高营利能力,还可以为企业提供更多的可支配资金,用于扩大生产、提高研发能力、加强市场营销等方面的投入,进一步提升企业的核心竞争力。其次,提高资金利用效率也是税收筹划的重要手段之一。企业通过税收筹划,可以优化资金结构,合理安排资金流向,提高资金的使用效率和回报率。这不仅可以降低企业的财务成本,还可以提升企业的融资能力和投资能力,为企业的发展提供强有力的资金支持。此外,控制税收风险也是税收筹划的重要环节之一。通过合理的税收筹划,企业可以建立健全的税务风险管理体系,加强风险预警和监控,及时发现和化解潜在的税收风险。这有助于企业维护良好的税务形象,防止因违规行为导致的税务罚款和信誉损失,从而为企业的发展创造一个安全稳定的环境。综上所述,合理的税收筹划通过降低税负、提高资金利用效率、控制税收风险等手段,可以显著提升企业的营利能力和竞争优势。此外,随着全球经济一体化的不断深入,国际税收环境也日益复杂。企业在进行税收筹划时,还需要关注国际税收政策和规定,加强国际税务合作与交流。通过合理的国际税收筹划,企业可以降低跨境经营的税务成本,提高国际竞争力,进一步拓展国际市场。同时,企业还应该关注社会责任和可持续发展。

第二节 内部纳税控制与检查

一、内部纳税控制

(一)税务风险管理

税务风险管理是企业管理中不可或缺的一部分,它涉及对企业面临的各种涉税风险的识别、评估和管理。税务风险管理旨在降低企业的税务风险,增强企业的税务合规性和稳健性,从而为企业创造更大的价值。首先,税务风险的识别是税务风险管理的第一步。企业应全面了解自身经营活动中可能面临的各类涉税风险,如税务合规风险、税务筹划风险、税务争议风险等。税务合规风险是指企业未能按照税收法律法规的要求及时缴纳税款或履行相关税务义务,导致被税务机关处罚或追缴税款的风险。税务筹划风险是指企业在制订税务筹划方案时,由于对税收政策理解不准确或操作不当,导致筹划失败或引发税务争议的风险。税务争议风险则是指企业在与税务机关发生税务争议时,可能面临的法律诉讼或行政复议的风险。为了有效识别涉税风险,企业应建立一套完善的税务风险识别机制。这包括定期对企业的经济业务进行全面梳理,了解各项业务的涉税情况,评估潜在的涉税风险点。同时,企业还应加强与业务部门、法务部门、财务部门等内部部门的沟通和协作,共同识别和评估涉税风险。此外,企业还可以借助外部专业机构的力量,如会计师事务所、律师事务所等,对企业的涉税风险进行全面、客观的评估和诊断。在识别出各类涉税风险后,企业应进行税务风险的评估。评估涉税风险的目的是确定其对企业的潜在影响程度,从而制定相应的应对措施。评估涉税风险时,企业应综合考虑风险发生的可能性、影响程度和潜在损失等因素。

通过定性分析和定量分析方法,对各类涉税风险进行排序和分类,以便于后续的风险管理。针对评估出的各类涉税风险,企业应采取相应的管理措施。对于税务合规风险,企业应建立健全的内部控制制度,确保各项经济业务符合税收法律法规的要求。同时,加强税务文档的管理和保存,以便在需要时提供证明文件。对于税务筹划风险,企业在制订税务筹划方案时应充分考虑税收政策的变化和市场环境的变化,并建立有效的反馈机制,及时调整和优化筹划方案。此外,企业还应加强与税务机关的沟通和协调,建立良好的税企关系,降低因税务争议引发的风险。为了确保税务风险管理的有效实施,企业还应建立完善的监督和考核机制。通过定期对企业的涉税业务进行检查和审计,及时发现和纠正涉税问题。同时,将税务风险管理纳入企业整体的风险管理体系中,与其他风险管理活动相互协调和配合。此外,加强员工的培训和教育也是提高企业税务风险管理水平的重要手段。通过增强员工的税务意识和合规意识,培养一个高素质的税务管理团队,为企业创造更大的价值。

(二)税务合规管理

1. 税务合规管理的核心要素

企业税务合规管理的核心要素包括建立完善的税务管理制度、明确税务管理职责、加强税务风险防控以及确保税务信息披露的准确性和完整性。

(1)建立完善的税务管理制度

企业应建立一套完善的税务管理制度,该制度应明确企业税务管理的目标、原则、流程和方法。制度内容应包括税务登记、纳税申报、税款缴纳、税务审计、税务争议处理等方面,确保企业在各个税务环节都能做到有法可依、有章可循。同时,企业还应根据税收法规的变化及时调整和更新税务管理制度,以保持其时效性和适用性。

(2)明确税务管理职责

企业应明确各级管理人员和员工在税务管理中的职责和权限。高层管理人员应负责制定税务战略和政策,审批重大税务事项;中层管理人员负责组织实施税务管理制度,监督税务管理流程;基层员工负责具体税务操作,如申报、缴纳等。通过明确职责和权限,可以确保税务管理工作的高效运转,避免出现推诿扯皮现象。

(3)加强税务风险防控

税务风险是企业面临的重要风险之一,企业应加强税务风险防控工作。首先,企业应对税务风险进行识别和评估,明确可能存在的风险点和风险程度。其次,企业应建立税务风险应对机制,包括制定风险应对措施、落实风险控制责任、建立风险监测和报告制度等。最后,企业应定期对税务风险管理工作进行自查和评估,及时发现和纠正存在的问题和不足。

(4)确保税务信息披露的准确性和完整性

企业应确保税务信息披露的准确性和完整性。在向税务机关提供涉税信息时,企业应遵循真实性、完整性、准确性和及时性的原则,不得隐瞒、谎报、拒报或迟报涉税信息。同时,企业还应建立健全的税务档案管理制度,妥善保管涉税资料,以便税务机关进行稽查和核查。

2. 税务合规管理的实施策略

(1)加强税务培训

企业应加强对员工的税务培训,增强员工的税务意识和技能。培训内容应包括税收法规、税务操作流程、税务风险防控等方面。通过培训,可以使员工更好地理解和执行税务管理制度,降低因操作不当而引发的税务风险。

（2）建立税务沟通机制

企业应建立与税务机关的沟通机制,保持与税务机关的良好关系。在遇到税务问题时,企业应主动向税务机关咨询和请教,寻求税务机关的指导和帮助。

（3）利用信息技术手段

企业应充分利用信息技术手段提高税务管理的效率和准确性。例如,企业可以建立税务管理信息系统,实现税务数据的自动化处理和分析;利用大数据技术对税务数据进行挖掘和利用,为税务决策提供有力支持;利用云计算等技术实现税务管理的协同和共享等。

（4）定期进行税务审计和检查

企业应定期对税务管理工作进行审计和检查,以确保税务管理制度的有效执行。审计和检查的内容应包括税务管理制度的落实情况、税务操作的规范性、税务风险的防控情况等。通过审计和检查,可以及时发现和纠正税务管理中存在的问题和不足,增强税务管理的合规性。

（三）税务文档管理

1. 税务文档管理的重要性

（1）确保税务合规

税务文档是企业履行税收义务的重要依据,包括税务登记证、纳税申报表、税款缴纳凭证、税务审计报告等。这些文档记录了企业的税务活动,是税务机关对企业进行税务稽查和核查的重要依据。通过加强税务文档管理,企业可以确保这些文档的完整性、准确性和及时性,从而避免因文档缺失、错误或滞后而引发的税务合规问题。

(2)提高税务管理效率

税务文档管理涉及税务文档的收集、整理、归档、保管和销毁等环节。通过建立完善的税务文档管理制度和流程,企业可以实现税务文档的规范化、系统化和信息化管理,提高税务管理效率。此外,利用信息技术手段对税务文档进行电子化管理,还可以实现税务数据的快速检索、分析和利用,为企业的税务决策提供有力支持。

(3)降低税务风险

税务风险是企业面临的重要风险之一,包括因违反税收法规而引发的罚款、滞纳金、声誉损失等。通过加强税务文档管理,企业可以及时发现和纠正税务活动中存在的问题和不足,降低因操作不当或疏忽大意而引发的税务风险。同时,完善的税务文档还可以为企业在税务争议中提供有力证据,维护企业的合法权益。

2. 税务文档管理的实施策略

(1)建立完善的税务文档管理制度和流程

企业应建立一套完善的税务文档管理制度和流程,明确税务文档的收集、整理、归档、保管和销毁等环节的具体要求和操作规范。制度内容应包括税务文档的分类、编号、装订、存放等细节,确保税务文档的规范化和系统化。同时,企业还应建立税务文档管理的责任制,明确各级管理人员和员工在税务文档管理中的职责和权限,确保税务文档管理工作的有效落实。

在税务文档的收集环节,企业应确保及时、完整地收集各类税务文档,包括税务登记证、纳税申报表、税款缴纳凭证等。在整理环节,企业应对收集到的税务文档进行分类、编号和装订,以便于后续的归档和保管。在归档环节,企业应按照规定的分类和编号将税务文档存放入指定的档案柜或档案室,确保税务文档的安全和易于检索。在保管环节,企业应定期对税务文档进行检查和维护,确保税务文档的完整性和可读性。在销毁环节,企业应按照规定的程序对已无保存价值的税务文档进行销毁,避免无用文档的堆积和泄密风险。

(2)利用信息技术手段实现税务文档的电子化管理

随着信息技术的发展,企业可以利用信息技术手段实现税务文档的电子化管理,提高税务文档管理的效率和安全性。首先,企业可以建立税务文档管理信息系统,实现税务文档的电子化存储、检索和利用。通过信息系统,企业可以快速查询和调阅所需的税务文档,提高税务管理效率。其次,企业可以利用扫描、识别等技术将纸质税务文档转化为电子文档,便于存储和传输。此外,企业还可以利用加密、备份等技术确保电子税务文档的安全性和可靠性。

(四)税务培训与沟通

税务培训与沟通在企业管理中占据着举足轻重的地位。随着税收法规的不断变化和更新,企业需要不断加强税务培训,增强员工的税务意识和技能水平。同时,良好的沟通机制是确保企业税务合规、降低税务风险的关键。

1. 加强企业税务培训

企业税务培训是增强员工税务意识和技能水平的重要途径。通过培训,可以使员工更好地理解和执行税收法规,确保企业税务活动的合规性。

(1)制订全面的税务培训计划

企业应制订全面的税务培训计划,明确培训目标、内容、方式和时间等。培训内容应包括税收法规、税务操作流程、税务风险防控等方面,确保员工能够全面掌握税务知识和技能。培训方式可以采用线上培训、线下培训、案例分析等多种形式,以满足不同员工的需求。同时,企业还应合理安排培训时间,避免与员工的日常工作产生冲突。

(2)注重培训效果的评估与反馈

企业应注重税务培训效果的评估与反馈,确保培训目标的实现。在培训结束后,可以通过问卷调查、考试等方式对员工的培训效果进行评估,了解员工对培训内容的掌握情况。同时,企业还应建立培训反馈机制,鼓励员工对培训工作提出意见和建议,以便不断完善和改进税务培训计划。

通过加强企业税务培训,企业可以增强员工的税务意识和技能水平,降低因操作不当而引发的税务风险。同时,培训还可以增强员工的责任感和使命感,激发员工的工作积极性和创造力,为企业的可持续发展提供有力支持。

2. 建立有效的税务沟通机制

税务沟通是企业与税务机关之间的重要桥梁,对于确保企业税务合规、降低税务风险具有重要意义。

(1)明确税务沟通的目标和原则

企业应明确税务沟通的目标和原则,确保沟通工作的针对性和有效性。在沟通过程中,企业应遵循诚信、合作、互利共赢的原则,以建立良好的沟通基础。

(2)建立多层次的税务沟通渠道

企业应建立多层次的税务沟通渠道,以满足不同层次的沟通需求。首先,企业可以通过税务机关官方网站、税务咨询热线等途径了解税收法规和政策信息。其次,企业可以积极参加税务机关组织的培训、座谈会等活动,与税务机关进行面对面的交流和沟通。此外,企业还可以通过税务代理机构等中介机构与税务机关进行沟通,以获取更专业的税务咨询和服务。

(3)注重税务沟通的技巧和策略

税务沟通需要一定的技巧和策略,以提高沟通的效果和效率。首先,企业应注重沟通前的准备工作,明确沟通的主题、内容和目的,避免无效的沟通。其次,企业应注重沟通技巧的运用,如倾听、表达、反馈等,以建立良好的沟通氛围。同时,企业还应注重沟通策略的选择,如主动沟通、协商沟通等,以寻求最佳的沟通结果。

通过建立有效的税务沟通机制,企业可以及时了解税收法规的变化和要求,咨询和解决税务问题,维护良好的税企关系。同时,良好的沟通还可以降低税务风险,减少税务争议,为企业的稳健发展创造有利条件。

二、内部纳税检查

(一)税务申报审核

税务申报审核是税务管理中的关键环节,它涉及对各类税务申报表进行仔细的审核,以确保其真实、准确和完整。税务申报是企业依照税收法律法规向税务机关提交的报告和文件,用于报告企业的纳税情况和税务处理结果。对于企业而言,税务申报审核的准确性直接关系着企业的税务合规性和声誉。首先,对税务申报表的审核需要从基础资料和数据的真实性、准确性入手。这包括核对税务申报表中的基本数据、财务报表和交易凭证等,以确保所有信息的来源可靠、数据准确。一旦发现数据不一致或错误,应及时进行调整和更正,避免因基础数据的错误导致整个申报的失真。其次,审核人员需要对税务申报表中的税收政策和法规应用进行合规性审查。这包括核对申报表中的税目、税率、税收优惠政策等是否符合现行税收法律法规的要求。对于任何可能存在疑问或不确定的税收政策应用,审核人员应进行深入的研究和咨询,确保企业在税务申报中合规合法。

除了基础数据和税收政策的合规性审查,税务申报审核还需要关注整个申报过程的完整性和逻辑性。这包括检查税务申报表是否按照规定的格式和要求填写,各个报表之间的数据是否相互一致,以及是否存在遗漏或未填写的必要信息。同时,对于涉及关联方交易、跨境交易等复杂业务的税务申报,还需要加强对其完整性和合理性的审核。为了提高税务申报审核的准确性和效率,企业可以采用一些先进的技术和方法。例如,利用自动化软件进行数据核对和逻辑检查,减少人工误差;开展定期的内审和外审,通过交叉审核和第三方验证来加强申报的准确性和可信度。

除了技术手段的运用,企业还需要加强税务申报审核人员的培训和教育。此外,企业应建立完善的税务申报审核制度和流程。同时,对于审核过程中发现的问题和风险点,企业应及时进行整改和调整,不断完善自身的税务管理体系。企业与税务机关的良好沟通也是提高税务申报审核效率的重要一环。同时,良好的沟通也有助于建立互信关系,提高企业与税务机关的合作与协调能力。

(二)税款缴纳审核

发票与凭证审核是税务管理中的关键环节,旨在确保企业的发票和凭证真实、合法。发票和凭证是企业经济业务活动的直接证据,对于企业而言,其真实性和合法性直接关系着企业的税务合规性和声誉。首先,企业应建立完善的发票与凭证审核制度。制度中应明确规定发票和凭证的开具要求、审核标准、保管方式等,并建立相应的考核和激励机制,以督促员工认真履行审核职责。在发票与凭证审核中,真实性审核是最为重要的一环。除了真实性审核,合法性审核也是发票与凭证审核的重要内容。例如,利用自动化软件进行数据核对和逻辑检查,减少人工误差;开展交叉审核和第三方验证,提升审核的可信度和准确性。

(三)发票与凭证审核

企业应建立完善的发票与凭证审核制度。在发票与凭证审核中,真实性审核是最为重要的一环。审核人员应仔细核对发票和凭证上的信息,如发票号码、开票日期、购销双方信息、商品或服务内容等,确保其与实际业务情况相符。对于存在疑问或无法核实的发票和凭证,审核人员应进行深入的调查和核实,以排除任何虚假的可能性。

除了真实性审核,合法性审核也是发票与凭证审核的重要内容。审核人员应核对发票和凭证是否符合税收法律法规的要求,如是否加盖了有效的印章、是否符合规定的格式和开具要求等。对于不合法的发票和凭证,应及时进行处理和纠正,避免因不合规行为导致企业面临税务风险和法律责任。为了提高发票与凭证审核的准确性和效率,企业可以采取一些先进的技术手段。例如,利用自动化软件进行数据核对和逻辑检查,减少人工误差;开展交叉审核和第三方验证,提升审核的可信度和准确性。除了技术手段的运用,企业还应加强发票与凭证审核人员的培训和教育。

(四)合同涉税条款审查

合同涉税条款审查是税务管理中的一项重要任务,旨在审查企业的经济合同中涉税条款,以避免潜在的税务风险。经济合同是企业经济业务活动中的重要法律文件,其中的涉税条款直接关系着企业的税务处理和合规性。首先,企业应建立完善的合同涉税条款审查制度。制度中应明确规定涉税条款的审查标准、审查流程、审查人员的权责等,并建立相应的考核和激励机制,以督促员工认真履行审查职责。在合同涉税条款审查中,重点关注与税收相关的条款和约定。这包括合同中关于税种、税率、纳税义务、税务登记、税务报告、税务争议解决等方面的约定。审查人员应仔细核对合同中的涉税条款是否符合税收法律法规的要求,是否与企业的税务策略和规划相一致。

对于存在疑问或潜在风险的涉税条款,审查人员应及时与业务部门沟通,并提出修改建议。在审查过程中,应特别关注与关联方交易、跨境交易等复杂业务相关的涉税条款,以及可能涉及的税收优惠政策、税收筹划等内容。例如,利用自动化软件进行数据核对和逻辑检查,减少人工误差;开展交叉审核和第三方验证,提升审核的可信度和准确性。此外,企业应加强与业务部门的沟通和合作。业务部门是企业经济业务活动的直接参与者,对于合同中的涉税条款有更深入的了解和认识。

通过与业务部门的密切合作和沟通,可以更好地理解合同中涉税条款的背景和意图,共同制订税务策略和方案,降低潜在的税务风险。除了内部审查机制的建立和完善,企业还应加强与外部专业机构的合作。外部专业机构如律师事务所、会计师事务所等具有丰富的合同审查经验和专业的税务知识。通过与外部专业机构的合作,可以借助其专业能力和经验对合同涉税条款进行深入的审查和评估,提供更为准确和专业的意见和建议。

第三节　涉税账务调整

一、账务调整原则

(一)合法性原则

账务调整作为企业财务管理中的重要环节,必须严格遵守国家法律法规和企业会计准则的要求,以确保调整后的账务能够真实、准确地反映企业的经济业务。首先,账务调整必须遵循国家法律法规的规定。税收法律法规是国家进行税收管理的法律依据,也是企业进行账务调整的准则。在进行账务调整时,企业必须严格遵守税法、会计法等相关法律法规的规定,确保调整后的账务合法合规。对于违反法律法规的账务调整,不仅会导致企业面临税务处罚等风险,还会影响企业的声誉和长期发展。其次,账务调整应当符合企业会计准则的要求。企业会计准则是一套规范企业财务报告和会计处理的准则体系,是企业进行财务调整的重要依据。企业在进行账务调整时,应当遵循会计准则的要求,确保调整后的账务能够提供真实、准确、完整的财务信息。企业应当按照会计准则规定的会计科目、报表格式和编制要求进行账务调整,以保证财务信息的可比性和可理解性。同时,账务调整应当基于真实、准确的原始凭证和记账凭证。原始凭证和记账凭证是企业进行账务调整的基础资料,必须真实、准确地反映企业的经济业务。在进行账务调整时,企业应当对原始凭证和记账凭证进行认真审核,确保其真实、准确、完整。对于存在问题的凭证,应当及时进行更正或补充,以保证账务调整的准确性和可靠性。

(二)准确性原则

账务调整是企业财务管理中的一项重要工作,它涉及对企业经济业务的准确记录和核算。因此,账务调整必须准确无误,及时处理错账和漏账,确保企业财务信息的真实、准确和完整。首先,账务调整应当准确无误。准确是账务调整工作的基本要求,任何误差都可能导致财务信息的失真和企业决策的失误。为了确保调整的准确性,企业应当采取一系列措施。在账务调整过程中,要严格遵守企业会计准则和国家税收法律法规,确保调整依据的合法性和准确性。同时,要加强对原始凭证和记账凭证的审核,确保这些凭证的真实、准确和完整。对于复杂的经济业务和账务问题,要进行深入的分析和研究,必要时可以请教专业人士或寻求外部咨询。另外,要加强内部控制和监督,建立完善的账务调整流程和审批制度,避免因操作失误或舞弊导致的调整误差。其次,调整错账、漏账要及时。错账和漏账是企业账务中常见的问题,如果不能及时发现和纠正,将严重影响企业财务信息的准确性和完整性。因此,及时调整错账、漏账至关重要。

(三)及时性原则

账务调整是企业财务管理中一项重要且严谨的工作,它的主要目标是确保企业的财务报表能够准确、完整地反映企业的经济活动和财务状况。为了实现这一目标,企业需要及时、准确地完成账务调整,避免因调整滞后导致财务信息失真。首先,及时进行账务调整对于保证财务信息的真实性和准确性至关重要。企业的经济活动是持续进行的,每一天都有新的交易和事项发生,这些交易和事项需要及时、准确地记录和核算。如果账务调整滞后,企业可能会错过一些重要的经济信息,导致财务报表不能真实地反映企业的财务状况。此外,滞后的账务调整还可能使企业面临一些不必要的风险,例如税务风险、合规风险等。其次,及时进行账务调整有助于提高企业的决策效率。企业的决策者需要依赖准确的财务信息进行决策,如果财务调整滞后,决策者可能会得到过时或不准确的信息,这可能导致错误的决策。例如,如果企业的销售人员在月初就达成了合同,但是账务调整工作滞后,那么决策者可能会根据不准确的收入数据来制定销售策略,这可能会导致销售策略的失误。此外,及时进行账务调整还有助于提高企业的外部形象。企业的外部信息使用者,如投资者、债权人、监管机构等,需要依赖企业的财务报表进行决策。

二、账务调整方法

(一)直接调整法

直接对涉税事项进行调整是一种简便、有效的账务处理方法。它是指直接针对涉税事项进行计算和调整,而不需要通过常规的账务处理流程。这种调整方法适用于一些简单、明了的涉税事项,例如增值税进项税额转出等。首先,直接调整法能够提高账务处理的效率。对于一些涉税事项,如果通过常规的账务处理流程进行核算和调整,可能需要经过多道程序,涉及多个会计科目和报表项目。这样的处理方式不仅烦琐,而且容易出错。而直接调整法则能够简化处理流程,减少不必要的中间环节,提高账务处理的效率。其次,直接调整法适用于简单、明了的涉税事项。对于一些涉税事项,其涉及的会计科目和报表项目相对较少,计算和调整也比较简单。对于这些事项,采用直接调整法能够更加准确、快速地完成调整工作。例如,增值税进项税额转出是一种常见的涉税事项,它涉及对特定业务的进项税额进行调整,直接计算出应纳税额并完成相应的账务处理。最后,直接调整法能够减少账务处理的错误。直接调整法针对的是涉税事项本身,而不是多个会计科目和报表项目的调整,因此能够减少因计算和调整错误而导致的误差。

(二)间接调整法

通过调整相关会计科目或报表项目来间接影响应纳税额,是账务调整中一种常见的处理方式。这种方式适用于涉及多个会计科目或报表项目的复杂涉税事项,如企业所得税的调整等。首先,间接调整法能够全面考虑涉税事项的影响。在一些复杂的涉税事项中,调整不仅仅涉及单一的会计科目或报表项目,而是涉及多个方面。间接调整法通过调整相关会计科目或报表项目,能够综合考虑这些因素的影响,从而更加准确地反映涉税事项的本质。其次,间接调整法有助于保持账务处理的连贯性和一致性。在一些复杂的涉税事项中,不同会计科目或报表项目之间的关联性较强,如果采用直接调整法,可能会破坏这种连贯性和一致性。而间接调整法则能够更好地维护这种连贯性和一致性,使账务处理更加科学和规范。此外,间接调整法还具有风险控制的作用。涉税事项往往涉及税务风险,如果处理不当,可能会引发税务争议或处罚。间接调整法通过细致的账务处理和分析,能够降低这些风险,保障企业的合法权益。

(三)综合调整法

在账务调整中,有时需要将直接调整法和间接调整法结合使用,以处理既涉及涉税事项又涉及会计科目或报表项目的复杂业务。这种结合方法能够充分发挥两种调整方法的优点,提高账务处理的效率和准确性。首先,直接调整法和间接调整法的结合能够简化复杂业务的账务处理流程。在一些复杂的业务中,涉税事项和会计科目或报表项目之间的关系可能比较复杂,如果采用单一的调整方法,可能需要经过多个步骤和中间环节。其次,结合使用两种调整方法能够增强账务处理的准确性和完整性。在一些复杂的业务中,涉税事项和会计科目或报表项目之间可能存在相互影响和制约的关系。通过直接调整法和间接调整法的结合,可以更加全面地考虑这些相互影响和制约的关系,从而更加准确地反映业务的本质,确保账务处理的完整性和准确性。此外,结合使用两种调整方法还有助于降低税务风险和保障企业的合法权益。通过综合考虑涉税事项和会计科目或报表项目的影响,可以更加准确地评估和应对税务风险,避免因处理不当而引发的税务争议或处罚。同时,也有助于企业更好地管理和规范账务处理流程,提高财务管理水平。

三、税务调整程序

(一)收集涉税信息

在进行账务调整时,收集与涉税事项相关的原始凭证、记账凭证、财务报表等资料是至关重要的步骤。这些资料是账务调整的基础,能够帮助调整人员全面了解涉税事项的具体情况,确保调整的准确性和有效性。首先,收集原始凭证是账务调整的重要依据。原始凭证是指在经济业务发生时取得或填制的,用于证明经济业务发生的初始证据。例如,发票、收据、合同、协议等都是常见的原始凭证。在涉税事项中,原始凭证可能涉及税收法律法规的具体要求和规定,因此收集齐全、完整的原始凭证对于账务调整至关重要。通过仔细核对原始凭证,可以确保调整依据的真实性和准确性,避免因凭证缺失或不完整而导致调整错误。其次,记账凭证是账务调整的重要参考。记账凭证是指会计人员根据原始凭证编制的,用于记录经济业务的会计分录。在账务调整中,记账凭证可以帮助调整人员了解经济业务的来龙去脉,明确涉税事项与其他会计科目之间的关联关系。

(二)分析涉税问题

在完成涉税信息的收集后,对收集到的信息进行分析是判断是否需要进行账务调整的关键环节。通过深入分析涉税信息的性质、类型和影响范围,可以准确判断涉税事项的重要性和调整的必要性。首先,对涉税信息的性质进行分析。涉税信息的性质决定了涉税事项的基本性质和特点。例如,涉税信息涉及的税种、税收政策、税收法律法规等,这些因素决定了涉税事项的性质和类型。通过对涉税信息性质的准确判断,可以确定涉税事项对企业财务状况和经营成果的影响程度,进而判断是否需要进行账务调整。其次,对涉税信息的类型进行分析。涉税信息可能涉及多种类型,如应纳税额、税收优惠政策、税收争议等。根据涉税信息的类型,可以判断涉税事项的具体情况和调整的必要性。例如,对于应纳税额的调整,需要核对税收法律法规的要求和企业的实际纳税情况,确保纳税申报的准确性和合规性。对于税收优惠政策的调整,需要了解政策的具体内容和企业的符合条件,以便更好地利用政策降低企业税负。最后,对涉税信息的影响范围进行分析。涉税信息的影响范围是指涉税事项对企业财务状况、经营成果和现金流量的影响程度。通过对影响范围的分析,可以全面了解涉税事项对企业的重要性和潜在风险。如果涉税事项的影响范围较广,可能需要进行相应的账务调整以降低风险和确保合规性。

(三)制订调整方案

在完成涉税问题的分析后,制订相应的账务调整方案是确保调整工作顺利进行的关键。调整方案应详细列出调整方法、会计科目或报表项目、调整金额等关键要素,以便调整人员能够准确、高效地执行调整工作。首先,确定调整方法是账务调整方案中的重要步骤。调整方法应根据涉税问题的具体情况和分析结果来确定。例如,对于应纳税额的调整,可能需要采用直接调整法,直接调整相关会计科目或报表项目的金额。对于涉及多个会计科目或报表项目的复杂涉税事项,可能需要采用间接调整法,通过调整相关会计科目或报表项目来间接影响应纳税额。在确定调整方法时,还需要考虑税收法律法规和企业会计准则的要求,确保调整方法的合规性和规范性。其次,明确会计科目或报表项目是账务调整方案中的重要内容。会计科目或报表项目是账务调整的具体对象,需要根据涉税问题的性质和类型来确定。例如,对于涉及所得税的涉税问题,可能需要调整利润表中的所得税费用项目。

(四)实施调整

根据调整方案进行账务处理是账务调整工作的核心环节,其目的是确保调整后的账务能够真实、准确地反映企业的经济业务。在进行账务处理时,需要遵循相应的会计准则和税收法律法规,确保账务处理的合规性和准确性。首先,根据调整方案确定需要进行的账务处理事项。这些事项可能包括增减会计科目、调整报表项目金额、处理异常账务等。在确定账务处理事项时,需要依据调整方案的具体要求和指导,确保账务处理与调整目标的一致性。其次,根据确定的账务处理事项,编制相应的会计分录。会计分录是记录经济业务的重要工具,能够清晰地反映资金的流入流出和会计科目的增减变动。在编制会计分录时,需要确保分录的完整性和准确性,详细记录涉及的会计科目、金额、时间等信息。此外,还需要遵循相应的会计准则和税收法律法规,确保分录的合规性和合法性。

（五）审核调整结果

对账务调整结果进行审核是整个账务调整流程的最后环节，旨在确保调整结果准确无误、符合法律法规和企业会计准则的要求。这一环节对于保证企业财务信息的真实性和准确性至关重要。首先，审核调整结果的准确性。这包括核对会计分录、报表项目金额等是否正确，是否符合经济业务的实际情况。同时，还需检查调整过程中是否出现计算错误或遗漏，确保调整结果的完整性和准确性。在审核过程中，如发现错误或不一致，应及时进行修正，并重新审核以确保调整结果的正确性。其次，审核调整结果是否符合法律法规的要求。这包括检查调整后的账务是否遵循了税收法律法规、企业会计准则和其他相关法规的规定。例如，应核对纳税申报表中的数据是否与账务调整结果一致，确保应纳税额计算的正确性。同时，还需关注是否存在违反税收法律法规的情况，如偷税、漏税等行为。如发现违法行为，应及时进行纠正，并依法处理。此外，还需要审核调整结果是否符合企业会计准则的要求。

（六）归档保存

归档保存是账务调整工作的重要环节之一，旨在确保涉税账务调整的相关资料得到妥善保管，以备后续查验和审计之需。以下是关于归档保存的详细步骤和注意事项。第一，收集整理相关资料。在账务调整过程中，会涉及一系列的资料和文件，包括但不限于原始凭证、会计分录、调整方案、审核意见等。这些资料对于后续的查验和审计至关重要，因此需要认真收集和整理。在收集整理过程中,应确保资料的完整性和准确性,避免出现遗漏或错误。第二,分类和编码。为了便于后续检索和查阅,需要对归档资料进行分类和编码。分类应根据资料的重要性和相关性进行,确保同一类别的资料能够集中存放。编码则应遵循统一的标准和规则,以便快速定位和查找相关资料。通过分类和编码,可以极大提高资料归档的效率和可查找性。第三,存储介质选择。归档保存的资料需要选择合适的存储介质。传统的纸质文档仍是一种常见的存储方式,但随着电子化的发展,电子文档也逐渐成为主流。电子文档具有存储容量大、易于传输和分享等优点,但也需要注意文档的安全性和保密性。因此,在选择存储介质时,应根据实际情况进行综合考虑,选择最适合的方式进行归档保存。第四,存储环境控制。无论是纸质文档还是电子文档,都需要确保存储环境的安全和稳定。对于纸质文档,应存放在干燥、通风的地方,避免潮湿、霉变等问题。对于电子文档,则需要注意防病毒、防黑客攻击等安全问题。同时,还需要定期备份,以防数据丢失。第五,定期更新和维护。涉税账务调整是一个持续的过程,因此归档保存的资料也需要定期更新和维护。应定期检查资料的完整性和准确性,对于缺失或过时的资料进行补充或更新。此外,还需要对归档保存的资料进行定期的清理和整理,保持资料的整洁和有序。第六,保密和安全性。涉税账务调整涉及企业的商业机密和财务信息,因此归档保存的资料需要严格保密和保证安全性。应建立完善的档案管理制度,限制对档案的访问权限,避免未经授权的人员接触和获取敏感信息。同时,还需要采用加密技术等手段,增强档案的安全性。

第三章 现代企业财务管理的信息化

第一节 财务管理信息化理论基础

一、信息技术与财务管理的融合

(一)自动化

1. 信息技术的应用实现了财务管理的自动化

在手工操作的时代,财务管理主要依赖大量的手工记录和计算,不仅效率低下,而且容易出错。员工需要花费大量的时间和精力进行烦琐的计算和核对,而且由于人的因素,错误率也无法完全避免。然而,随着信息技术的发展,特别是计算机技术的普及,财务管理逐渐实现了自动化。企业可以通过财务管理软件系统,自动完成数据的收集、处理、分析和存储等工作。这意味着财务人员不再需要花费大量时间进行计算和核对,而是可以将更多的精力投入到分析和管理等方面,进一步提高财务管理的效率。

2. 自动化减少了人为错误和舞弊的可能性

在手工操作的环境下,人为错误和舞弊是难以完全避免的,而自动化则可以极大降低这些风险。财务管理软件系统可以按照预设的规则和算法进行数据处理,避免了因人为错误而导致的数据不准确或不一致。同时,自动化也加强了对数据的监控和管理,减少了舞弊的可能性。这不仅提高了财务管理的规范性和透明度,还有助于企业建立更加健全的内部控制体系。此外,信息技术的应用也促进了财务管理的实时化。在传统的财务管理模式下,财务信息的获取和报告通常是定期进行的,如每月或每季度的财务报表。这种模式无法及时反映企业的财务状况和经营成果,影响了决策的时效性和准确性。

3. 信息技术的发展将对财务管理产生更多积极的影响

信息技术的应用,特别是网络技术的发展,使得企业能够实现财务信息的实时获取和报告。企业可以通过在线系统实时监控各项财务数据的变化,及时发现和解决潜在的问题,确保财务管理的及时性和准确性。同时,实时化的财务管理还有助于企业及时把握市场变化和业务机会。在竞争激烈的市场环境中,及时获取财务信息对于企业的决策至关重要。通过实时化的财务管理,企业可以及时了解市场动态和客户需求,快速做出反应和调整策略。这不仅有助于企业提高竞争力,还有助于企业建立更加紧密的客户关系和供应链关系。此外,信息技术的发展还推动了财务管理的远程化。在传统的财务管理模式下,财务管理的地域限制较为明显,企业的分支机构和子公司通常需要设立独立的财务部门或雇佣外部会计师事务所进行财务管理。这种模式成本高昂且管理不便。例如:数据集成与共享、智能分析与预测、自动化审计与监控、个性化报表与可视化以及区块链技术的应用等。这些新技术的应用将进一步拓展财务管理的领域和功能,推动财务管理不断创新和发展。

(二)远程化

1. 远程化财务管理有助于增强财务数据的准确性和一致性

在传统的财务管理模式下,不同地点的财务部门之间可能存在信息沟通不畅或数据处理标准不统一的问题,导致财务数据经常出现差异和错误。而通过远程化财务管理,企业可以制定统一的数据处理标准和流程,确保所有分支机构和子公司都按照相同的标准进行财务数据处理和分析,从而极大增强财务数据的准确性和一致性。除了降低成本和提高效率,远程化财务管理还为企业带来了更多的商业机会。例如,企业可以利用远程化财务管理系统对全球范围内的市场进行实时监控和分析,以便及时发现和抓住新的商业机会。同时,通过与供应商、客户和其他合作伙伴进行在线协作和交流,企业可以更加紧密地整合供应链资源,实现更高效的业务运营。

2. 远程化财务管理有助于提高企业的风险管理能力

在传统的财务管理模式下,由于地域限制和信息沟通不畅,企业往往难以及时发现和应对潜在的财务风险。而通过远程化财务管理,企业可以实时监控和分析各个分支机构与子公司的财务状况和经营成果,及时发现和解决潜在的问题。同时,利用大数据和人工智能等技术对财务数据进行深入挖掘和分析,企业还可以更加准确地预测和评估未来的财务风险和挑战,从而制定更加科学和有效的风险管理策略。信息技术的发展推动了财务管理的远程化,为企业带来了一种更加高效、便捷和安全的财务管理模式,还为企业带来了更多的商业机会和提高了风险管理能力。随着信息技术的不断发展和应用,远程化财务管理将继续创新和发展,为企业的发展壮大提供更加全面和高效的支持。

(三) 实时化

信息技术促进了财务管理的实时化。这种模式无法及时反映企业的实时财务状况和经营成果,导致决策者在做出决策时可能无法获得最新的信息,从而影响决策的时效性和准确性。通过在线系统和云计算等技术,企业可以实时监控各项财务数据的变化,及时发现和解决潜在的问题。这意味着企业可以更快地响应市场变化和业务机会,更好地调整战略和资源配置。实时化的财务管理为企业提供了更加灵活和实时的数据支持,有助于企业更好地把握市场变化和业务机会。在竞争激烈的市场环境中,企业需要及时了解市场动态和客户需求,以便快速做出反应和调整策略。通过实时监控和分析财务数据,企业可以及时发现市场变化和业务机会,从而更加快速和准确地做出决策。这有助于企业提高竞争力,抓住市场机遇,实现更好的业务增长。此外,实时化的财务管理还有助于提高企业的应变能力。在不断变化的市场环境中,企业需要具备快速适应变化的能力。通过实时获取和分析财务数据,企业可以更好地预测和管理潜在的风险和挑战,及时调整经营策略和资源配置。这有助于企业更好地应对市场变化和不确定性,保持稳定的发展态势。

(四)数据集成与共享

1. 信息技术帮助企业实现财务数据的集成与共享

信息技术的一项显著贡献就是帮助企业实现财务数据的集成与共享,从而打破部门之间的信息孤岛现象,提高信息的流动性和透明度。这一变革对于企业的运营管理和战略决策具有深远的影响。在传统的企业结构中,各部门之间缺乏有效的信息沟通和共享机制,往往形成信息孤岛。这种现象在财务管理领域尤为突出,因为财务数据通常分散在各个部门和系统中,难以进行统一的管理和分析。这不仅影响了财务信息的准确性和一致性,还限制了财务信息在企业内部的有效利用。然而,随着信息技术的发展和应用,企业开始寻求一种更加高效和透明的财务管理模式。

2. 打破部门之间的信息壁垒

通过建立统一的数据平台或数据中心,企业可以整合各种财务和非财务数据,将这些数据集中存储和管理,从而打破部门之间的信息壁垒。这种集成与共享的模式不仅提高了财务信息的流动性和透明度,还为企业内部的决策和协作提供了更加全面和准确的信息支持。在财务数据集成与共享的过程中,信息技术发挥着关键的作用。

3. 对企业数据进行挖掘和处理

通过利用数据库管理系统和数据挖掘等技术,企业可以对海量的财务数据进行高效的处理和分析。这使得企业能够更加快速地获取各种财务指标和报表,为决策提供更加及时和准确的数据支持。另外,通过网络技术和云计算等技术的应用,企业可以实现财务数据的实时共享和远程访问。这意味着不同部门和地点的员工可以随时随地访问和使用这些财务数据,从而提高了企业内部的协作效率。

4.财务数据的集成与共享有助于提高企业的风险管理能力

在传统的财务管理模式下,由于信息分散和缺乏透明度,企业往往难以及时发现和应对潜在的财务风险。而通过集成与共享财务数据,企业可以更加全面地了解自身的财务状况和经营成果,及时发现和解决潜在的问题。除了上述提到的优势,财务数据的集成与共享还为企业带来了更多的商业机会。同时,利用集成与共享的财务数据进行市场分析和预测,企业还可以更加准确地把握市场趋势和客户需求,从而制定更加精准的市场营销策略。

(五)智能分析与预测

借助大数据分析和人工智能等前沿技术,现代企业在财务管理领域正迎来一场深刻的变革。这些技术不仅改变了传统的数据处理方式,更赋予了企业全新的视角和洞察力,使其能够在海量的财务数据中发掘出前所未有的价值和趋势。在大数据分析的助力下,企业如今能够轻松应对以往难以想象的庞大数据量。传统的数据处理方法往往局限于样本数据的分析,而大数据分析则强调全量数据的处理,这意味着企业可以更加全面地了解市场和客户的真实情况。通过收集、整合和清洗各种来源的财务数据,企业能够构建一个全面、多维的数据集,进而利用先进的分析算法和可视化工具,深入挖掘这些数据中隐藏的模式和关联。人工智能技术的应用则进一步提升了数据分析的智能化水平。机器学习、深度学习等算法模型可以自动学习数据中的规律,并根据这些规律进行预测和决策。在财务管理领域,人工智能可以帮助企业自动识别财务风险、优化资金配置、提高运营效率等。例如,通过建立智能预测模型,企业可以准确预测未来的销售收入、成本变动等关键财务指标,从而为决策者提供更加科学和准确的决策依据。除了预测功能,大数据分析和人工智能还可以帮助企业建立高效的预警系统。通过对历史财务数据和实时市场数据的监控和分析,这些系统能够及时发现潜在的财务风险和问题,如资金流异常、客户信用下降等,并立即向管理者发出预警信号。这使得企业能够在风险发生之前采取必要的应对措施,从而有效避免或减少损失。值得一提的是,大数据分析和人工智能技术在财务管理中的应用并不仅限于企业内部。

二、财务信息的收集与处理

(一)财务信息有效收集

1. 财务信息的收集是财务管理信息化的重要前提

在现代企业中,无论是大型企业还是中小型企业,财务管理都是企业运营中的核心环节。而财务信息作为财务管理的基础,其收集工作的重要性不言而喻。企业在进行财务管理时,必须全面、系统地收集各种财务活动产生的信息。这些信息包括但不限于销售收入、成本支出、资产负债等关键财务数据。这些数据的收集对于企业来说至关重要,因为它们直接关系着企业的财务状况和经营成果。通过准确收集这些数据,企业能够及时了解自身的盈利情况、成本控制效果以及资产负债状况,从而为企业决策提供有力支持。

2. 财务信息的收集涉及企业的各个部门和各个环节

在一个企业中,不同的部门都会产生与财务相关的信息,如销售部门的销售数据、采购部门的采购数据、生产部门的生产成本数据等。这些数据都是企业财务信息的重要组成部分,必须得到全面、准确的收集。只有这样,企业才能从整体上把握自身的财务状况,做出更加明智的决策。此外,财务信息的收集还涉及企业的供应商、客户和其他合作伙伴。在供应链金融和客户关系管理等领域,企业与供应商、客户之间的财务往来信息对于企业的财务管理至关重要。通过与供应商、客户等合作伙伴的财务信息交流,企业可以更加准确地了解自身的应收账款、应付账款等财务状况,从而更好地管理企业的现金流和财务风险。因此,我们可以看出,财务信息的收集是一个系统性的规划和实施过程。在这个过程中,企业需要明确收集的目标和内容,确定收集的方法和途径,并建立完善的信息收集和传递机制。

3. 企业对所有与财务相关的信息进行全面收集,不留死角

与财务相关的信息包括企业内部各个部门产生的信息,以及与供应商、客户等合作伙伴的财务往来信息。同时,企业还需要关

注各种潜在的财务信息源,如市场变化、政策调整等因素对企业财务状况的影响。通过全面收集这些信息,企业能够更加全面地了解自身的财务状况和市场环境,为决策提供更加充分的信息支持。为了确保财务信息的准确性,企业需要采取一系列措施来保障信息的真实性和可靠性。首先,企业需要建立完善的信息收集和审核机制,对收集到的信息进行严格审核和把关,确保信息的真实性。其次,企业需要采用先进的信息技术和工具来辅助信息的收集和处理工作,提高信息的处理效率和准确性。最后,企业还需要加强对财务人员的培训和管理,增强他们的专业素养和责任意识,确保他们在收集和处理财务信息时能够严格遵守相关法规和制度。

(二) 财务信息分析处理

1. 企业建立一个完善的数据处理平台

这个平台应该具备强大的数据处理能力,能够快速、准确地处理各种财务数据。同时,平台还应该具备高度的可扩展性和灵活性,以便适应企业不同阶段的发展需求。通过这个平台,企业可以实现对数据的集中管理和控制,提高数据的质量和可靠性。

2. 企业借助各种工具和技术对数据进行处理和分析

这些工具和技术包括但不限于数据挖掘、数据仓库、数据可视化等。数据挖掘是一种通过特定算法对大量数据进行处理和分析,发现数据中的模式和规律的技术。数据仓库则是一个集中的、统一的数据存储和处理系统,可以实现对数据的整合和优化。而数据可视化则是通过图形化手段呈现数据,帮助用户更好地理解和分析数据。通过这些工具和技术,企业可以对收集到的财务信息进行深入的分析和处理。例如,企业可以通过数据挖掘技术发现销售数据中的模式和规律,预测未来的销售趋势;通过数据仓库技术整合不同部门和系统的数据,形成统一、完整的财务数据视图;通过数据可视化技术将复杂的数据以直观、易懂的方式呈现给用户,帮助他们更好地理解数据。在这个过程中,企业可以生成各种财务报表和指标,如资产负债表、利润表、现金流量表等,以及各种财务比率、现金比率等。

这些报表和指标可以帮助企业全面了解自身的财务状况和经营成果,发现潜在的风险和机会。例如,通过分析资产负债表,企业可以了解自身的资产和负债状况;通过分析利润表,企业可以了解自身的盈利情况;通过分析现金流量表,企业可以了解自身的现金流状况。同时,企业还可以通过分析这些报表和指标中的数据,发现潜在的风险和机会。例如,如果发现资产负债率过高,企业可能面临财务风险;如果发现现金流不足,企业可能面临资金链断裂的风险。同时,如果发现某个产品的销售增长迅速,企业可以抓住机会加大对该产品的推广和营销力度。除了生成各种财务报表和指标,企业还可以利用其他工具和技术对财务数据进行深入的分析和处理。例如,利用机器学习技术对财务数据进行自动化分类和预测;利用大数据技术对海量数据进行实时处理和分析;利用人工智能技术对财务数据进行智能化的分析和决策支持。通过这些工具和技术,企业可以更好地挖掘财务数据的价值,提高财务管理的效率和准确性。同时,这些工具和技术还可以帮助企业更好地适应市场变化和竞争环境,提高自身的竞争力和创新能力。

三、财务分析与决策支持

财务管理信息化的另一项重要功能是财务分析与决策支持。这一功能旨在通过深入挖掘和分析财务信息,为企业决策者提供准确、全面的财务状况评估和预测,从而支持企业的战略决策和经营管理。首先,财务分析是财务管理信息化的核心内容之一。通过对财务信息的深入挖掘和分析,企业能够全面了解自身的财务状况、经营成果和现金流量情况。这些信息不仅包括历史数据,还包括预测数据和实时数据,能够为企业决策者提供全方位的财务视角。通过财务分析,企业可以对各种财务指标进行计算和评估,例如偿债能力、营利能力、运营能力和成长能力等。这些指标能够帮助企业全面了解自身的经营状况和财务健康程度,发现潜在的风险和机会。例如,如果发现企业的偿债能力指标较低,企业需要采取措施加强债务管理,避免财务风险;如果发现企业的营利能力指标较高,企业可以进一步扩大经营规模,提高营利能力。除了财务指标的评估,财务分析还可以帮助企业识别市场趋势和竞争格局。通过对竞争对手的财务数据进行分析和比较,企业可以了解竞争对手的实力和市场地位,从而调整自身的战略方向和经营策略。同时,通过市场趋势的分析,企业可以把握市场机遇,提前布局和规划未来的发展。其次,财务管理信息化还为企业提供了决策支持功能。在市场竞争日益激烈的今天,企业需要快速、准确地做出决策,以应对市场的变化和挑战。

四、内部控制与风险管理

财务管理信息化对于企业加强内部控制和风险管理具有至关重要的作用。在现代企业中,随着业务规模的不断扩大和市场竞争的日益激烈,内部控制和风险管理的重要性越发凸显。而财务管理信息化正是帮助企业实现这一目标的有效手段。首先,财务管理信息化通过信息系统的权限设置和流程控制,能够规范企业的财务操作流程。在传统的财务管理模式下,由于人为因素和操作失误等原因,财务舞弊和错误的发生难以完全避免。而财务管理信息化则可以通过严格的权限设置和流程控制,确保每个财务人员只能在自己的权限范围内进行操作,遵循既定的业务流程。这样一来,不仅可以极大降低人为因素导致的错误和舞弊风险,还可以提高企业的财务管理效率和准确性。在权限设置方面,财务管理信息化可以实现精细化的权限管理。企业可以根据不同岗位和职责,为财务人员分配不同的系统权限。例如,出纳人员只能进行现金和银行存款的录入和查询操作,而会计人员则可以进行凭证的录入、审核和记账等操作。通过这种精细化的权限设置,企业可以确保每个财务人员只能接触到自己职责范围内的财务信息,从而避免信息泄露和滥用的风险。

五、业务与财务的整合

财务管理信息化在现代企业的运营中起了不可或缺的促进作用,尤其是在业务与财务的整合方面。在传统的财务管理模式下,业务和财务两大部门往往各自为政,形成了信息孤岛。这种相互独立的工作模式不仅导致了信息沟通的不畅,还使得企业在决策时常常因为缺乏全面、准确的数据支持而做出错误的判断,进而造成资源的浪费和企业发展的滞后。然而,随着财务管理信息化的深入推进,企业开始打破这种传统的业务与财务分离的模式,逐步实现业务系统与财务系统的无缝对接。这种对接不是简单的数据交换,而是基于统一的数据平台,实现数据的实时共享和协同处理。通过这样的整合,业务数据和财务数据不再是孤立存在的,而是相互关联、相互印证的,从而为企业的决策提供了更加全面、准确的数据基础。在财务管理信息化的推动下,业务与财务的整合首先体现在数据层面。

通过构建统一的数据平台,企业可以将分散在各个业务系统中的数据集中起来,进行清洗、整合和转换,使之成为符合财务处理要求的标准化数据。这样,无论是业务部门还是财务部门,都可以在这个平台上获取到自己所需要的数据,而无须再进行烦琐的数据收集和整理工作。这种数据层面的整合不仅提高了工作效率,还大幅增强了数据的准确性和可靠性。其次,业务与财务的整合还体现在流程层面。在传统的模式下,业务流程和财务流程往往是相互独立的,两者之间缺乏有效的衔接和协同。而财务管理信息化则可以通过流程再造和优化,将业务流程和财务流程有机地结合起来,形成一套完整、高效的业务财务一体化流程。在这个流程中,业务数据和财务数据可以实时传递和处理,从而实现了业务与财务的紧密配合和高效协同。此外,财务管理信息化还促进了业务与财务在人员层面的整合。在传统的模式下,业务人员和财务人员往往各司其职,缺乏相互的了解和沟通。而财务管理信息化则要求业务人员和财务人员具备跨部门的知识和技能,能够共同参与到业务财务一体化的工作中来。

第二节 企业财务管理信息化协同
模式的创新与探究

一、财务管理信息化协同模式的必要性

(一)提高工作效率

传统的财务管理方式在许多企业中仍然占据主导地位,这种方式的信息传递通常基于纸质文档和人工操作,这不仅导致了信息滞后的现象,而且流程烦琐,效率低下。例如,当需要审批某个财务事项时,往往需要经过多个环节和部门,每个环节都需要人工沟通和确认,这不仅耗费了大量的时间和人力,也增大了出错的风险。随着信息技术的发展,财务管理信息化协同模式逐渐成为企业财务管理的新趋势。这种模式通过自动化和智能化的手段,对传统财务管理方式进行了彻底的革新。它利用先进的信息技术,将财务管理流程进行全面整合和优化,实现了财务信息的实时传递和处理。首先,信息化协同模式通过自动化手段,极大减少了传统财务管理方式中的人工操作环节。例如,在审批流程中,信息化协同模式可以实现自动化的流程管理和控制,当某个财务事项需要审批时,系统会自动将相关信息发送给相关人员,并自动跟踪审批进度,直到事项得到批准或拒绝。这不仅极大提高了审批效率,

也避免了因人工操作导致的错误和延误。其次,信息化协同模式通过智能化手段,实现了对财务数据的自动分析和处理。传统财务管理方式中,数据分析通常需要人工进行,不仅效率低下,而且容易出错。而信息化协同模式可以利用大数据、人工智能等技术,对海量的财务数据进行自动分析和处理,从而快速得出准确的结论和预测。

(二)增强数据安全性

随着信息化时代的到来,财务数据的安全性成为企业越来越关注的问题。传统的财务管理方式往往缺乏有效的数据安全保护措施,导致数据泄露的风险较高。而信息化协同模式通过集中管理和加密技术,为财务数据提供了更加可靠的安全保障。首先,信息化协同模式通过集中管理的方式,将财务数据统一存储和管理,避免了数据分散存储的风险。这种方式使得企业可以对财务数据进行更加全面和有效的控制,确保数据的完整性和机密性。同时,集中管理还有利于企业对数据进行统一备份和恢复,减少了数据丢失的风险。其次,信息化协同模式采用了先进的加密技术,对财务数据进行加密处理,确保数据在传输和存储过程中的安全性。加密技术可以有效地防止未经授权的访问和窃取,即使数据被非法获取,也无法被轻易解密和利用。这种方式极大增强了财务数据的安全性,减少了数据泄露的风险。此外,信息化协同模式还具有完善的安全审计机制。通过对财务数据的全流程监控和日志记录,企业可以全面了解数据的使用情况,及时发现异常和违规行为。这种方式不仅可以及时发现和应对安全事件,而且有利于企业完善安全管理制度,提高企业的安全管理水平。信息化协同模式在确保财务数据安全性方面具有明显的优势。通过集中管理和加密技术等手段,企业可以极大增强财务数据的安全性和可靠性,减少数据泄露的风险。因此,企业应该积极推进财务管理信息化协同模式的实施和应用,以保障企业的财务安全和稳定发展。

(三)促进部门之间沟通与合作

在传统的企业管理结构中,各部门往往各自为政,形成了所谓的信息孤岛或信息壁垒。这种情况在财务管理上尤为明显,因为财务数据通常被视为高度机密,只在特定部门或人员之间流通。然而,这种信息隔离不仅阻碍了部门之间的有效沟通,还限制了企业资源的优化配置和整体效益的提升。信息化协同模式的出现,如同一剂强效的"破壁药",有力地打破了这种部门之间的信息壁垒。该模式通过构建一个统一、共享的财务管理信息平台,使得各部门能够实时获取、处理和交换财务数据。这种信息的透明化和实时性,极大地促进了部门之间的沟通与合作。首先,信息化协同模式使得各部门能够更加全面地了解企业的财务状况和经营成果。过去,由于信息隔离,许多部门只能看到与自己业务直接相关的财务数据,而无法了解企业的整体财务状况。而现在,通过共享平台,各部门可以实时查看企业的财务报表、成本分析、预算执行情况等关键信息,从而更加准确地把握企业的运营情况和风险状况。其次,信息化协同模式促进了部门之间的协同工作。在财务管理过程中,往往需要多个部门共同协作,如采购部门与财务部门需要协同进行成本控制和预算管理,销售部门与财务部门需要协同进行收款管理和业绩核算等。

二、财务管理信息化协同模式的主要内容

(一)数据标准化

在财务管理中,数据的标准化是一个至关重要的环节。没有统一的数据标准,不同部门、不同业务线或不同地区可能会使用不同的会计准则、报告格式或数据定义,这不仅导致数据无法比较,也增大了企业决策的难度。为了确保数据的准确性和可比性,企业需要制定统一的数据标准。首先,制定统一的会计准则。不同的会计准则可能会导致数据存在差异,例如,有些部门可能采用权责发生制,而有些部门可能采用收入实现制。因此,企业需要明确规定统一的会计准则,并确保所有部门都遵循这一准则进行财务数据的记录和报告。其次,统一报告格式和数据定义。企业需要制定标准的报告格式,包括财务报表、管理报表等,并明确各项数据的定义和计算方法。这样,不同部门在提交财务数据时,就能够按照统一的标准进行整理和汇总,避免了数据的混乱和不一致。此外,数据标准的制定还需要考虑与国际标准接轨。国际财务报告准则(IFRS)等国际标准为企业提供了参考和依据,企业可以参照这些标准制定自己的数据标准,以确保数据的国际可比性。

(二)系统集成

随着信息技术的发展,企业所使用的财务管理软件日益增多,各种软件之间的数据和流程不兼容问题也随之凸显出来。这不仅

导致了数据冗余和重复录入,还影响了工作效率和数据准确性。因此,系统集成成为提高财务管理效率和准确性的关键。系统集成是指将不同来源、不同格式、不同系统的数据和流程进行整合,实现数据共享和流程对接。通过系统集成,企业可以将各种财务管理软件集成到一个统一的平台上,实现数据的实时交换和共享,避免了数据的重复录入和核对,提高了工作效率和数据准确性。首先,系统集成可以整合不同来源的数据。企业的财务管理涉及多个方面,如采购、生产、销售、人力资源等。这些部门往往会使用不同的软件进行数据管理,导致数据分散和重复。通过系统集成,企业可以将这些不同来源的数据整合到一个平台上,实现数据的集中管理和分析。这样不仅可以减少数据冗余和重复录入,还可以提高数据的质量和准确性。其次,系统集成可以实现不同软件之间的流程对接。企业的财务管理流程往往涉及多个环节和部门,如采购订单处理、付款申请、发票管理等。这些流程在不同的软件中可能存在不兼容的情况,导致流程中断或重复。通过系统集成,企业可以实现不同软件之间的流程对接,确保流程的顺畅和高效运行。这样可以提高工作效率,减少人工干预和错误率。

（三）实时监控与分析

在快速变化的市场环境中,企业需要及时、准确地了解自身的财务状况,以便做出明智的决策。传统的财务管理方式往往缺乏实时监控和分析的能力,导致决策者难以获得最新的数据和趋势。而信息化协同模式通过数据分析工具,为企业提供了实时监控和分析的能力,为决策提供了有力支持。首先,数据分析工具可以对企业的财务数据进行实时采集、整理和汇总。通过自动化和智能化的手段,这些工具能够从各个业务系统中抽取相关数据,并进行清洗、整合和标准化处理。这样,企业可以及时获取到最新、最全面的财务数据,为后续的分析和监控打下基础。其次,数据分析工具可以对财务数据进行深入分析和挖掘。通过运用各种分析方法和模型,这些工具能够提供财务状况的实时监控、预算执行情况、成本分析、收入分析等各类分析报告。这些报告可以帮助企业及时发现异常和问题,了解经营状况和市场趋势,为决策提供科学依据。此外,数据分析工具还具有强大的可视化功能。通过图表、曲线、仪表盘等可视化手段,这些工具能够将复杂的财务数据以直观、易懂的方式呈现出来。这样,无论是高层管理人员还是业务部门负责人,都能够快速了解企业的财务状况和经营成果,为决策提供有力支持。实时监控与分析的功能不仅有助于增强决策的准确性和及时性,还能够提升企业的风险控制能力。

三、财务管理信息化协同模式的前景展望

(一)人工智能与机器学习在财务管理中的应用

随着科技的飞速发展,财务管理领域也在不断涌现新的技术和工具。这些技术不仅可以提高财务管理的效率,还能为决策者提供更为准确、深入的数据洞察。其中,自动数据分类和预测分析技术尤为引人注目。自动数据分类技术是近年来发展迅速的一种数据处理技术。它利用机器学习和人工智能技术,自动识别和分类数据。在财务管理中,大量的数据需要进行分类整理,以便于后

续的分析和报告。传统的分类方法往往需要人工介入,效率低下且容易出错。而自动数据分类技术则可以自动对数据进行分类,极大提高了分类的准确性和效率。预测分析技术则是一种基于数据分析的决策支持工具。通过运用统计分析、机器学习等技术,预测分析可以挖掘数据中的潜在规律和趋势,对企业未来的财务状况进行预测。这种技术可以帮助企业提前发现潜在的风险和机会,从而制定更为精准的财务策略。这些技术如何帮助企业进一步提高财务管理的效率和准确性呢?首先,自动数据分类技术可以提高财务数据的处理速度和准确性。在大型企业中,每天都会产生大量的财务数据,人工分类整理这些数据既耗时又容易出错。而自动数据分类技术则可以快速、准确地完成分类任务,极大提高了数据处理的速度和准确性。

(二)区块链技术的集成

区块链技术,作为近年来备受瞩目的新兴技术,以其去中心化、不可篡改的特性,正在逐渐改变着各行各业的工作方式,为企业提供了更加安全、透明的交易记录和审计跟踪。这对于企业的财务管理和运营来说,具有深远的影响和意义。首先,区块链技术的核心特点是去中心化。传统的交易记录通常由单一的中心机构进行管理,一旦这个机构出现问题或遭受攻击,整个交易记录的安全性就可能受到威胁。而区块链技术通过将交易记录分布存储在多个节点上,实现了去中心化的管理。这意味着即使某个节点遭受攻击或出现故障,其他节点上的记录仍然完好无损,确保了交易记录的安全性和完整性。其次,区块链技术具有不可篡改的特性。

每一笔交易记录一旦被写入区块链,就会被永久保存且无法被篡改。这种特性极大提升了企业的审计跟踪能力。传统的审计方法可能需要大量的人工对交易记录进行核对和检查,既耗时又容易出错。而区块链技术的不可篡改性使得审计过程变得更为简便和准确,提高了审计的效率和可靠性。此外,区块链技术的透明性也是其重要的优势之一。在区块链上,所有的交易记录都是公开可查的,这有助于提升企业的透明度。对于投资者和合作伙伴来说,了解企业的交易记录和财务状况是至关重要的。区块链技术的透明性为他们提供了一个公正、公开的平台,使得他们可以更加信任企业并建立长期的关系。更重要的是,区块链技术还有助于增强企业的信誉和合规性。

在一个信息高度不对称的市场中,建立和维护企业的信誉是至关重要的。区块链技术的去中心化、不可篡改和透明性使得企业的交易记录更加可信,提高了企业的信誉度。同时,由于区块链技术可以确保交易记录的真实性和准确性,企业在进行财务报告和披露时也可以更加符合监管机构的要求,增强了企业的合规性。为了充分利用区块链技术的优势,企业需要采取一系列措施。首先,企业需要对区块链技术进行深入的研究和分析,了解其特性和应用场景。同时,企业需要评估现有的财务管理流程和系统是否能够与区块链技术进行有效的集成。在此基础上,企业可以选择合适的区块链平台和技术供应商,进行区块链应用的开发和部署。此外,企业还需要加强培训和教育,使财务管理人员和其他相关部门了解并掌握区块链技术的应用和管理。同时,企业需要建立完善的数据安全和隐私保护机制,确保区块链上的交易记录和敏感信息不被非法获取或滥用。

（三）云计算的普及

随着科技的飞速发展，云计算技术已经逐渐成为企业数据处理和管理的重要工具。通过云计算，企业可以更加便捷地存储、处理和分析大量财务数据，为决策提供即时支持。这对于提高企业的财务管理效率和决策准确性具有重要意义。首先，云计算技术为企业提供了更加灵活和可扩展的存储方式。传统的财务数据存储方式通常需要购买和维护昂贵的硬件设备，而且存储容量有限。而云计算技术通过将数据存储在云端，可以随时随地访问和共享数据，无须购买和维护硬件设备。这样，企业可以根据需要随时增加或减少存储容量，增强了数据存储的灵活性和可扩展性。其次，云计算技术为企业提供了强大的数据处理和分析能力。财务数据处理和分析对于企业的决策至关重要。通过云计算技术，企业可以利用先进的算法和模型对大量数据进行高效、快速的处理和分析。这不仅提高了数据处理的速度和准确性，还可以根据需要生成各种报表和图表，为决策提供即时支持。此外，云计算技术还可以帮助企业实现数据共享和协同工作。通过云计算平台，不同部门和团队之间可以随时随地共享和编辑数据，进行在线沟通和协作。这避免了数据不一致和重复工作的问题，提高了工作效率和协作能力。另外，云计算技术还为企业提供了更加安全的数据保护和管理措施。

企业可以将财务数据存储在云端，并利用云计算平台提供的加密、身份验证等安全措施保护数据的安全性和隐私性。这样不仅可以防止数据泄露和攻击,还可以确保数据的完整性和一致性。为了充分利用云计算技术的优势,企业需要采取一系列措施。首先,企业需要对现有的财务管理流程和系统进行评估和优化,了解哪些环节和数据可以借助云计算技术进行改进。同时,企业需要选择合适的云计算平台和服务商,确保数据的安全性和隐私性得到保障。同时,企业需要建立完善的数据管理政策和流程,确保数据的准确性和完整性。

第四章 税收筹划与企业财务管理

第一节 企业财务管理视角的税收筹划理论依据

一、价值链理论

(一)制定税收政策

价值链理论在税收筹划中的应用是一个值得深入探讨的领域。价值链理论,由哈佛大学商学院教授 Michael Porter 提出,强调了企业在创造价值的过程中,各个环节之间的联系和相互作用。对于企业财务管理,尤其是税收筹划,这一理论提供了独特的视角和富有洞察力的分析工具。在基本活动中,生产、销售和物流等环节是直接创造价值的。在税收筹划中,企业需要深入了解这些环节的特点和需求,以制定出最符合企业整体利益的税收策略。例如,在生产环节,企业可以通过合理安排生产计划,优化资源利用,降低不必要的能源消耗,从而间接降低税务成本。这种策略不仅有助于提高企业的经济效益,也有助于实现可持续发展的目标。在辅助活动中,采购、人力资源和技术开发等环节虽然不直接参与价值创造,但对基本活动的效率和效果产生重要影响。企业在税收筹划中同样不能忽视这些环节。例如,在采购环节,企业可以通过选择具有良好纳税记录的供应商,降低潜在的税务风险。这种策略不仅有助于企业规避税务风险,也有助于建立和维护与优质供应商的长期合作关系。从价值链的角度来看,税收筹划的目标不仅仅是降低单一环节的税负,而是要实现整体价值的最大化。

(二)合理设计销售模式

企业需要综合考虑各个环节的税收影响,制定出全面、系统的税收策略。例如,在销售环节,企业可以通过合理设计销售模式,降低增值税销项税额。这种策略不仅有助于提高企业的营利能力,也有助于增强企业的市场竞争力。价值链理论的应用还要求企业具备全局观念和长期视角。在制定税收筹划策略时,企业不能仅关注眼前的利益,而忽视了长远的战略目标。例如,在人力资源环节,企业可以通过合理设计薪酬制度和福利政策,吸引和留住高素质人才。这种策略不仅有助于提高企业的软实力和市场形象,也有助于实现长期稳定的税收筹划和财务管理。此外,随着全球化和数字化的发展,企业的价值链越来越呈现出多元化和复杂化的特点。这为企业税收筹划带来了新的挑战和机遇。企业需要更加全面地了解和分析价值链各个环节的税收影响,制定出更加精准和有效的税收策略。同时,企业还需要关注国际税收环境的变化和不同国家税收政策的特点,以制定出更加国际化和多元化的税收筹划策略。

二、委托代理理论

(一)委托代理关系的基本内涵

在委托代理关系中,委托人和代理人之间往往存在着信息不对称的情况。代理人通常比委托人更了解实际情况,拥有更多的信息优势。这种信息不对称可能导致代理人的机会主义行为,损害委托人的利益。委托人和代理人的利益目标往往不完全一致。委托人追求的是企业价值最大化或股东财富最大化,而代理人可能更关注个人收入、职业声誉、工作稳定性等个人目标。这种利益冲突可能导致代理人的行为偏离委托人的期望。由于未来的不确定性和人的有限理性,委托人和代理人之间的契约往往是不完备的。这意味着契约无法穷尽所有可能的情况,也无法对代理人的行为进行完全有效的约束。

(二)委托代理问题的解决方案

激励机制是解决委托代理问题的重要手段之一。通过设计合理的薪酬结构,将代理人的利益与委托人的利益紧密联系起来,可以有效激发代理人的积极性和创造性,减少机会主义行为。例如,实施股权激励计划,让代理人持有公司股份,从而使其分享公司的发展成果和承担经营风险;实施绩效薪酬制度,将代理人的收入与其工作绩效挂钩,以增强其责任感和归属感。监督机制是防止代理人滥用权力和侵害委托人利益的重要保障。通过建立健全的内部控制体系、外部审计制度和信息披露机制等,可以对代理人的行为进行有效的监督和约束。例如,加强董事会对经理层的监督职能,确保经理层的行为符合公司和股东的利益;引入独立董事和监事会制度,增强公司内部监督的独立性和有效性;加大外部审计和信息披露的监管力度,提高公司的透明度和公信力。声誉机制是一种长期性的激励机制和监督机制。在竞争性的市场中,代理人的声誉对其职业发展和社会地位具有重要影响。通过建立良好的声誉机制,可以促使代理人注重长期利益和个人形象,减少短期行为和机会主义行为。例如,建立经理人市场评价机制,对经理人的业绩和声誉进行客观公正的评估;加强行业自律和职业道德建设,提高代理人的职业素养和社会责任感。

三、风险管理理论

(一)市场波动

风险管理,作为企业财务管理中的核心环节,对于税收筹划同样具有不可或缺的作用。在税收筹划过程中,企业时常会遭遇到多种不确定因素,如政策变动、市场波动、操作失误等,这些因素都可能对企业的税收筹划产生负面影响。因此,建立一套完善的风险管理体系对于企业的税收筹划工作显得尤为重要。首先,企业需要对各类可能出现的风险因素进行全面、系统的识别。这要求企业密切关注相关的政策法规、市场环境等信息,及时捕捉到可能对税收筹划产生影响的各类风险因素。例如,对于政策风险,企业需要对国家税收政策的变化保持敏锐的洞察力,以便及时调整自身的税收筹划策略;对于市场风险,企业需要关注行业动态、竞争对手等信息,以便在市场波动时做出迅速而准确的应对。其次,在识别出潜在的风险因素后,企业需要建立一个风险评估机制,对各类风险的大小和影响程度进行量化和分析。这可以帮助企业明确各类风险的优先级,为后续的风险应对策略提供决策依据。

(二)评估企业各类风险程度

通过定性和定量的分析方法,企业可以对各类风险的影响程度进行准确的评估,从而为制定有效的风险应对措施打下基础。更为关键的是,在识别和评估风险的基础上,企业需要采取相应的应对措施来降低风险对企业的影响。这可能涉及调整税收筹划策略、加强内部控制、提高人员素质等多个方面。例如,针对政策风险,企业可以建立一套灵活的税收筹划机制,以便在政策发生变化时迅速做出调整;针对市场风险,企业可以加强与供应商或客户的合作关系,以降低市场波动对企业的影响。此外,风险管理不仅限于事前的预防和控制,还应包括事后的监控和反馈。企业应定期对自身的税收筹划活动进行内部审计,检查是否存在潜在的风险点,并及时采取措施进行纠正。同时,企业还应从过去的经验中吸取教训,不断优化和完善自身的风险管理体系。

第二节 企业财务管理视角的税收筹划效应分析

一、降低税务成本

税收筹划的核心目标,无疑是降低企业的税务成本。税务成本作为企业运营中的一项重要开支,直接影响着企业的经济效益和市场竞争能力。因此,通过合理的税收筹划,企业可以有效降低税负,优化财务结构,从而提高经济效益。要实现这一目标,企业首先需要对国家的税收政策有充分了解和掌握。税收政策是国家调节经济、促进社会公平的重要工具,也是企业进行税收筹划的基础。企业应密切关注税收政策的动态,及时了解和掌握政策的变化,以便及时调整自身的税收筹划策略。在充分了解税收政策的基础上,企业应根据自身的经营特点和业务需求,制订科学的税收筹划方案。这需要财务管理人员深入分析企业的财务状况、经营模式以及未来发展方向,结合税收政策和企业实际情况,制定出符合企业战略发展要求的税收筹划策略。科学的税收筹划方案应具有前瞻性和灵活性。前瞻性要求企业能够预测税收政策的变化趋势,提前做好应对措施;灵活性则要求企业能够根据实际情况及时调整税收筹划策略,确保方案的可行性和有效性。

合理的税务安排是降低税务成本的关键。企业应通过合理的税务规划、税务核算和税务申报等手段,确保各项税务活动的合法合规,降低税务风险,从而降低税务成本。这要求财务管理人员具备丰富的税务知识和实践经验,能够准确理解和把握税务法规的要求和原则,为企业制订出切实可行的税务安排方案。降低税务成本并不意味着可以忽视其他财务管理活动。企业应将税收筹划与其他财务管理活动相结合,形成一个完整、系统的财务管理体系。例如,将税收筹划与预算管理、投资管理、风险管理等相结合,可以实现企业整体财务管理的优化和提升。同时,企业还应注意与税务机关的沟通和合作。

二、提高资金效益

税收筹划并不仅仅局限于降低税务成本,其更深层次的影响在于提高企业的资金效益。资金,作为企业的血脉,其流转与使用效率直接关系着企业的生存与发展。税收筹划,正是在合法合规的前提下,对企业的资金流进行精细化管理,从而实现资金效益的最大化。在筹资过程中,企业面临多种筹资方式的选择,如债务融资和权益融资。不同的筹资方式对应着不同的税务处理方式,从而产生不同的资金成本。通过深入研究和合理利用税收政策,企业可以更为精准地选择适合自身发展的筹资方式,降低资金成本,提高资金效益。例如,某些税收政策可能对债务融资所产生的利息有一定的抵扣作用,而另一些政策可能对权益融资的成本有特定的扣除规定。企业可以根据这些政策规定,结合自身的经营状况和发展需求,制定出最优的筹资策略。在投资过程中,税收政策同样发挥着重要的作用。

企业在进行投资决策时,不仅要考虑投资项目的经济效益,还要充分考虑税务因素对投资回报的影响。合理的税收筹划可以帮助企业优化投资结构,提高投资回报率。例如,某些税收政策可能对特定类型的投资项目提供税收优惠或减免,而另一些政策可能对特定地区的投资有一定的税收减免。通过合理利用这些政策,企业可以在投资决策中获得更大的经济利益。更为重要的是,合理的税收筹划有助于企业实现资金的合理配置和高效利用。资金配置是企业财务管理中的核心环节,它要求企业根据自身的发展战略和市场环境的变化,不断调整和优化资金的使用方向。而税收筹划正是这一过程中的重要工具。通过合理的税务安排和筹划,企业可以更为精准地掌握资金的流入流出情况,更为有效地利用资金进行业务拓展和市场开发。同时,税收筹划还有助于提升企业的财务管理水平。合理的税收筹划要求企业具备完善的财务管理体系和高素质的财务管理人员。这促使企业不断加强财务管理制度建设,提高财务管理人员的专业素质和业务能力。随着财务管理水平的提升,企业的整体运营效率和市场竞争力也将得到进一步提升。

三、增强企业竞争力

税收筹划并不仅仅是降低税务成本的工具,它更是一种战略思维,一种能够帮助企业在激烈的市场竞争中取得优势的重要手段。有效的税收筹划不仅能够提升企业的营利能力,更可以显著提升企业的竞争力。在当今的市场环境中,竞争日趋激烈,企业要想脱颖而出,必须不断寻求提升自身营利能力和竞争优势的机会。而税收筹划正是这样一种有效的手段。通过合理的税收筹划,企业可以在合乎法律法规的前提下,降低税务成本,增加税后利润,进一步提升自身的营利能力。降低税务成本意味着企业可以将更多的资源投入到核心业务中，或者用于研发创新，提升产品或服务的品质。这样不仅可以增强企业的市场竞争力，还可以提升企业的品牌形象和市场声誉。此外，通过税收筹划增加的税后利润可以为企业的扩张和增长提供资金支持，帮助企业抓住更多的市场机会，从而提升市场占有率。更为重要的是，科学的税收筹划有助于企业优化内部管理机制，提高管理效率。

企业在进行税收筹划的过程中，需要对自身的经营模式、业务流程等进行全面的审视和优化。这样的审视和优化不仅可以降低税务成本，还可以帮助企业发现并改进运营和管理中的低效和冗余环节，提高整体的管理效率和市场响应速度。此外，科学的税收筹划还需要企业与各部门之间建立良好的沟通和协作机制。这要求企业打破部门之间的信息壁垒，实现信息的共享和协同。在这样的过程中，企业的组织架构和管理模式也会得到进一步的优化和提升，从而更好地适应市场的变化和需求。合理的税收筹划还可以帮助企业更好地进行战略规划和发展布局。企业可以根据税收政策的变化趋势，提前调整自身的战略方向和业务布局，从而更好地适应未来的市场环境。这样不仅可以降低税务成本，还可以为企业未来的发展奠定坚实的基础。

第三节　税收筹划与企业财务管理的相关性分析

一、税收筹划对企业财务管理目标的影响

企业财务管理的目标在于实现企业价值最大化,而这一目标的实现需要依托于多种手段和策略。其中,税收筹划作为一种重要的财务管理工具,通过合理、合法的方式降低企业税负,提高企业的税后利润,对于企业价值的提升具有至关重要的作用。首先,税收筹划能够显著降低企业的税收负担。在市场经济条件下,税收是企业经营成本的重要组成部分。通过合理的税收筹划,企业可以在税法规定的范围内,优化税务结构,合理安排税务支出,从而减少税收对企业的经济压力。这不仅有助于增加企业的可支配资金,提高其资金使用效率,还能为企业带来更多的利润积累,增强其市场竞争力。其次,税收筹划有助于提升企业的财务管理水平。企业在进行税收筹划的过程中,需要深入了解和研究税收法规和政策,分析各种税务处理方法的优劣和风险。通过这一过程,企业可以不断完善自身的财务管理体系,提高财务人员的专业素养和业务能力。同时,合理的税收筹划还需要企业加强内部控制和财务管理制度建设,从而提升整体的财务管理水平。

二、税收筹划与企业财务决策的关系

税收筹划在企业财务决策中扮演着至关重要的角色,它不仅影响企业的投资决策、融资决策和利润分配决策,更是企业实现财

务管理目标的重要手段。下面将详细探讨税收筹划如何贯穿于企业财务决策的各个环节,并分析其对企业财务管理的影响。首先,税收筹划在投资决策中的作用不可忽视。企业在选择投资项目时,不仅要考虑项目的营利潜力,还要充分考虑项目的税收影响。例如,某些地区可能对高新技术产业、新能源产业等给予税收优惠,企业可以根据自身业务特点和战略规划,选择在这些地区进行投资,以获取更好的税收效益。其次,税收筹划在融资决策中也具有重要应用。企业在筹集资金的过程中,需要考虑资金的成本和效率,而税收因素是影响资金成本的重要因素之一。通过合理的税收筹划,企业可以降低资金成本,提高融资效率。例如,企业可以通过选择不同的融资方式来合理安排税务支出。股权融资和债权融资的税务处理是不同的,企业可以根据自身情况和税务法规的规定,选择更加有利的融资方式。此外,利润分配决策也是税收筹划的重要应用领域。企业在制订利润分配方案时,需要考虑股东和企业的税收负担。

三、税收筹划对企业财务管理风险的影响

税收筹划在降低企业税负、提高经济效益的同时,也伴随着一定的财务风险。这些风险可能来源于对税法规定的误解、筹划方案的激进性,或是操作过程中的不规范行为。因此,企业在制订和实施税收筹划方案时,必须对可能出现的财务风险进行充分评估和管理。首先,企业需要明确的是,税收筹划是在合法合规的前提下进行的。任何违反税法规定的行为,不仅会导致企业面临税务处罚,还会对企业的声誉和长期发展造成严重影响。例如,一些企

业为了追求短期的税收利益,可能会采取一些避税手段,这些行为可能在短期内为企业节省了税款,但从长期来看,这些行为可能被税务部门视为偷税漏税,从而遭受严厉的处罚。此外,企业的声誉也会受到严重影响,投资者和合作伙伴可能会对企业的诚信度产生怀疑。其次,税收筹划可能涉及复杂的税务处理和会计核算问题。企业在制订税收筹划方案时,需要对各种税务处理和会计核算方法进行深入研究和比较,以确保方案的可行性和准确性。例如,不同的存货计价方法会对企业的所得税产生影响,企业需要根据实际情况选择最合适的方法。同时,企业还需要对税收筹划带来的财务影响进行全面分析,包括对现金流的影响、对财务报表的影响等。另外,税收筹划需要企业具备高素质的财务管理团队。这不仅要求团队成员具备丰富的税务知识和经验,还需要他们具备高度的责任感和职业道德。只有具备这些素质的团队成员才能确保税收筹划方案的合法性和准确性,避免因操作不当而引发财务风险。

四、税收筹划对企业财务管理效率的影响

税收筹划与企业财务管理之间的紧密关系不仅体现在税负的降低和财务风险的防范上,更进一步地,税收筹划对于提高企业财务管理的效率也起了积极的推动作用。财务管理效率的提高意味着企业资源的更有效配置,业务流程的优化以及整体运营效率的提升。下面将详细探讨税收筹划如何提高企业财务管理的效率。首先,税收筹划有助于企业优化税务管理流程。通过合理的税收筹划,企业可以重新审视和优化现有的税务管理流程,消除不必要

的环节和烦琐的程序,实现流程的简化和高效化。其次,税收筹划有助于降低税务处理成本。通过提前规划和合理安排,企业可以确保税务事项的合规性和准确性,避免因疏忽或违规行为而产生的额外成本和罚款。此外,税收筹划还有助于增强税务申报的准确性和及时性。

通过合理的税收筹划,企业可以确保税务申报的完整性和准确性,避免因漏报、错报而产生的额外成本和风险。同时,企业还可以更好地把握税收政策和法规的变化,及时调整税务策略,确保税务申报的及时性。更为重要的是,税收筹划可以促使企业加强内部控制和财务管理制度建设。通过加强内部控制和财务管理制度建设,企业可以提高自身的财务管理水平和效率,提升企业的整体运营效率。

第五章　企业财务管理中税收筹划风险的防范与管理

第一节　企业财务管理中税收筹划风险的成因

一、企业内部因素

(一)管理层认知不足

企业管理层对税收筹划的认知不足确实是一个不可忽视的风险因素。在许多企业中,管理层对税收筹划的理解往往停留在简单的减税层面,而忽视了税收筹划的复杂性和多维性。这种认知上的局限性可能导致管理层在决策时忽略了一些重要的法规要求和合规性问题,从而给企业带来风险。首先,对税收法规和政策了解不够深入是管理层认知不足的典型表现。税收法规和政策是复杂且动态变化的,需要及时学习和掌握。如果企业管理层没有足够的重视和投入,就可能对最新的法规和政策了解不足,导致决策时出现偏差。例如,一些管理层可能误以为通过某些方式可以降低税负,但实际上违反了税收法规的规定,从而面临税务处罚等风险。其次,对税收筹划的正确认识也是管理层需要具备的重要素质。管理层如果仅仅将税收筹划视为一种税务技巧，而忽视了其在企业整体战略中的作用，就可能做出短视的决策，给企业的长期发展带来风险。此外，管理层对税收筹划的认知不足还可能表现在对税务风险评估和控制的忽视。税务风险不仅包括税务处罚等显性风险，还包括企业声誉、客户关系等隐性风险。如果管理层没有充分认识到这些风险，就可能无法采取有效的措施进行预防和控制。

（二）内部控制制度不健全

企业内部控制制度不健全是税收筹划风险的重要成因之一。内部控制是企业为了确保各项业务活动的合规性、资产的安全完整以及财务报表的可靠性而制定的一系列政策和程序的总称。在税收筹划方面，内部控制制度的不完善可能导致以下问题：首先，税务管理流程不明确。健全的内部控制制度应该对税务管理流程进行明确的规定，包括税务申报、税款缴纳、税务档案管理等各个环节。如果企业缺乏明确的流程规定，可能导致税务操作不规范、工作效率低下等问题，甚至可能出现操作失误或违规行为。例如，在税务申报环节，由于缺乏明确的流程规定，可能导致申报数据不准确、报税时间延误等问题，从而引发税务风险。其次，税务操作规范不健全。企业在进行税收筹划时，需要遵循一系列的操作规范和税收法规要求。如果企业缺乏这些规范和要求，或者没有及时更新，就可能导致税务操作的不合规性。例如，企业在制订税收筹划方案时，没有充分考虑税收法规的限制和要求，导致方案违反法规规定，从而面临税务处罚等风险。同时，内部控制制度的不完善还可能影响企业及时发现和纠正税收筹划风险的能力。一个健全的内部控制制度应该包括风险评估和监控机制,能够及时发现和纠正企业面临的各类风险。在税收筹划方面,如果企业没有建立有效的风险评估和监控机制,就可能无法及时发现潜在的税收筹划风险,从而错失采取应对措施的时机。这样不仅增加了企业的风险成本,还可能对企业声誉和长期发展造成负面影响。

二、企业外部因素

(一)税收政策变化

税收政策的变化是企业税收筹划风险的一个重要成因,这是因为国家的税收政策会根据经济形势、社会需求、国际环境等多种因素进行调整。对于企业而言,税收政策的变化可能会对企业的经营和税收筹划产生重大影响。首先,税收政策的变化可能导致企业原有税收筹划方案失效。企业在进行税收筹划时,通常会根据当时的税收政策制订相应的方案。然而,一旦税收政策发生变化,企业原有的税收筹划方案可能就不再适用,甚至可能变成不合规的方案。如果企业不及时调整税收筹划方案,就可能面临税务风险和不必要的经济损失。其次,税收政策的变化可能给企业的经营带来不确定性。税收政策的变化可能涉及各种税种、税基、税率等方面的调整,这些调整可能影响到企业的成本、收入和利润。如果企业不能准确预测税收政策的变化并做出相应的调整,就可能面临经营风险和不确定性。例如,税收政策的调整可能导致企业原材料成本上升或销售收入下降,从而对企业的经营业绩产生影响。此外,税收政策的变化还可能引发企业与其他利益相关方的利益冲突。

(二)市场竞争激烈

市场竞争是企业税收筹划风险的一个重要因素。在激烈的市场竞争中,企业为了获得更多的市场份额和竞争优势,可能采取一些激进的税收筹划策略。这些策略可能违反税收法规的规定,或者在执行过程中出现偏差,给企业带来巨大的税务风险和经营风险。首先,市场竞争可能导致企业采取不规范的税收筹划行为。为了在激烈的市场竞争中获得优势,一些企业可能采取不合规的税收筹划策略,如虚报成本、隐瞒收入等。这些行为不仅违反了税收法规的规定,还可能对企业的声誉和长期发展造成严重影响。一旦被税务机关发现,企业将面临罚款、补缴税款等惩罚,甚至可能被追究刑事责任。其次,市场竞争可能导致企业过度追求短期利益而忽视长期风险。一些企业在制定税收筹划策略时,可能只关注短期的税收利益,而忽视了长期的风险和合规性。例如,一些企业可能为了降低税负而采取高风险的投资或经营策略,这些策略可能在短期内带来税收利益,但长期来看可能给企业带来更大的风险和损失。此外,市场竞争还可能导致企业的税收筹划策略变得过于复杂和难以管理。

为了在激烈的市场竞争中获得优势,一些企业可能采取多种复杂的税收筹划策略,如利用关联方交易、跨国税收筹划等。这些策略可能涉及多个国家和地区、多种税种和法规,管理难度较大。一旦出现疏忽或错误,企业可能面临重大税收风险和经营风险。

第二节 税收筹划风险识别与评估

一、税收筹划风险识别

(一)操作风险

在企业的税收筹划过程中,规范性和合法性是至关重要的。税收筹划是企业合理降低税负、提高经济效益的重要手段,但如果操作不规范或违反法律规定,不仅无法达到预期的筹划效果,还可能给企业带来严重的法律风险和财务损失。首先,企业在进行税收筹划时必须严格遵守税收法律法规。任何形式的税收筹划都必须在法律允许的范围内进行,不得有任何违法违规行为。企业要确保税收筹划方案的制定和实施都符合税法规定,不能为了降低税负而采取偷税、逃税等非法手段。否则,一旦被税务部门查出,将面临严重的法律制裁和经济处罚,损害企业的声誉和长期利益。其次,企业对税收法规的理解和运用要准确。税收筹划是一项技术性很强的工作,要求企业对税收法规有深入的了解和研究。企业要正确理解税法规定,遵循税收法定原则,严格按照税收法规进行税收筹划。同时,企业还要关注税收法规的变化和更新,及时调整税收筹划策略,确保方案的有效性和合法性。此外,企业在与税务部门沟通时也需谨慎行事。与税务部门保持良好的沟通是企业在税收筹划中不可或缺的一环。企业要积极向税务部门咨询,了解税务部门的政策和要求,争取税务部门的支持和指导。但在与税务部门沟通时,企业要保持谦逊和诚实,如实反映情况,不得隐瞒或歪曲事实。

(二)市场风险

市场环境的变化对企业的经营和税收筹划产生直接影响,企业必须密切关注市场动态,以便及时调整税收筹划策略。经济环境、行业趋势等因素的变化,都可能使得企业的税收筹划面临新的挑战和风险。首先,经济环境的变化是影响企业税收筹划的重要因素之一。行业趋势的变化也会对企业的税收筹划产生影响。不同行业的企业面临的税收政策差异很大,同一行业内不同企业所处的市场地位和竞争格局也会影响其税收筹划策略。例如,新兴行业的快速发展可能会带来新的税收政策优惠和机遇,而传统行业的竞争加剧可能会使得企业需要更加注重成本控制和税收筹划效益。此外,技术革新的发展也可能对企业的税收筹划产生影响。随着科技的不断进步和应用,越来越多的企业开始采用智能化、自动化等技术手段来提高生产效率和降低成本。这些技术手段的应用可能会带来新的税收政策调整和税务监管要求,企业需要密切关注相关政策变化并及时调整税收筹划策略。

(三)经营风险

企业的经营状况与税收筹划的效果之间存在着密切的联系。企业的经营状况直接影响着税收筹划方案的实施效果,因为税收筹划的最终目的是为企业降低税负、增加经济效益。如果企业经营不善、出现亏损或利润下降,税收筹划的效益将会降低甚至失效。首先,企业经营不善是影响税收筹划效果的重要因素之一。税收筹划需要基于企业正常的经营和盈利状况来进行,如果企业经营不善,出现亏损或破产等情况,税收筹划方案的实施效果将受到严重影响。因为企业的经营不善意味着没有足够的收入来抵扣应纳税额,也难以通过合理的税收筹划来降低税负。其次,企业的利润下降也会对税收筹划的效果产生负面影响。企业的利润是税收筹划的基础,如果企业的利润下降,意味着应纳税所得额减少,可供筹划的空间也相应减小。在这种情况下,企业可能需要重新评估和调整税收筹划方案,以适应新的经营状况和税负水平。此外,企业财务管理和内部控制的不规范也可能影响税收筹划的效果。财务管理和内部控制是企业经营的重要环节,如果这些环节存在不规范的情况,如账目混乱、核算不准确等,将可能导致税收筹划方案的失误和效果不佳。因此,企业需要加强财务管理和内部控制,确保财务数据的准确性和可靠性,为税收筹划提供可靠的依据。

二、税收筹划风险的特点

(一)不确定性

税收筹划风险是指企业在税收筹划过程中面临的各种不确定因素,这些因素可能导致税收筹划失败或未能达到预期效果,给企业带来经济损失和声誉损失。由于税收筹划风险的发生及其影响程度难以确定,企业对风险的应对也变得较为困难。首先,税收筹划风险具有多样性。税收筹划涉及企业经营的各个方面,从企业设立、投资决策、生产运营到利润分配等各个环节都可能产生税收筹划风险。因此,企业需要对各种可能出现的风险进行全面分析和评估,以便制定有效的应对措施。其次,税收筹划风险具有隐蔽性。由于税收法律法规的复杂性和专业性,企业在进行税收筹划时可能会遇到信息不对称、理解偏差等问题,导致对税收法规的误读和误用。此外,税收筹划过程中的一些违规行为也可能隐藏较长时间,企业难以察觉和纠正。这些隐蔽的风险可能会在事后被税务部门查出,导致企业面临严重的处罚和声誉损失。最后,税收筹划风险具有不可预见性。企业在制订税收筹划方案时,很难完全预测未来的政策和市场变化,也无法准确评估自身经营状况的变化对税收筹划的影响。这些不可预见的风险因素可能导致企业的税收筹划方案失效或产生意外的经济损失。

(二)潜在性

税收筹划风险不仅具有潜在性,还可能具有延迟性。这意味着,企业在某一时间点进行的税收筹划决策可能在当时看起来是合理的,但随着时间的推移,外部环境、内部经营条件以及税收法规的变化都可能使原本的筹划决策产生风险。因此,企业对风险的识别和评估不能仅基于当前的环境和条件,还需要具备前瞻性。首先,企业需要持续关注宏观经济和政策环境的变化。税收筹划常常是基于当前的税收法规和市场环境进行的,但这些因素可能会随着时间的推移而发生变化。企业需要对未来的政策走向和市场趋势有一定的预判能力,以便及时调整税收筹划策略。例如,对于国家可能出台的新税收政策或法规,企业应提前进行研究和分析,评估这些政策对企业税收筹划可能产生的影响,并提前制定应对措施。其次,企业应加强内部管理和监控机制。税收筹划往往涉及企业的多个部门和多方利益,企业需要建立一套完善的内部管理和监控机制,确保各部门之间的信息流通和协同合作。

(三) 多样性

税收筹划风险的来源和影响因素多种多样,每个企业的风险状况都呈现出独特性。由于企业所处的行业、市场环境、内部管理机制以及具体业务的不同,它们所面临的税收筹划风险也各不相同。这使得企业需要根据自身的具体情况进行针对性的风险管理,而不能简单照搬他人的经验和策略。首先,行业差异是影响税收筹划风险的重要因素之一。不同行业的税收政策、监管要求以及市场环境都有所不同,这导致了不同行业的企业面临不同的税收筹划风险。例如,高新技术产业和传统制造业的税收政策就有很大的差异,前者可能享受更多的税收优惠,而后者可能面临更严格的税务监管。其次,市场环境的变化也是税收筹划风险的来源之一。经济增长、通货膨胀、利率等经济指标的变化都会对企业经营和税收筹划产生影响。例如,在经济扩张时期,市场需求增加,企业销售收入和利润相应增长,税收筹划的重点可能在于合理安排税负和延缓纳税;而在经济衰退时期,市场需求减少,企业销售收入和利润下滑,税收筹划的重点可能在于合理利用税法规定减轻税负。

三、税收筹划风险的识别方法

(一)流程分析法

对企业税收筹划的整个流程进行梳理和分析是识别潜在风险点的有效方法。通过细致地审视每一个环节,企业可以更全面地了解整个税收筹划过程中的风险状况,并采取针对性的措施进行风险管理。首先,对企业的经营状况进行全面的分析是税收筹划流程的起点。这一环节的目标是了解企业的经营模式、业务范围、市场竞争地位以及财务状况等基本信息。通过深入了解企业的经营状况,可以为后续的税收筹划提供基础数据和依据。然而,这一环节也存在着数据不准确、信息不完整等潜在风险,需要企业加强内部管理和信息收集工作。其次,税收政策的研究和解读是税收筹划流程中的关键环节。税收政策的变化对企业税收筹划的影响深远,企业需要对国内外税收政策进行持续关注和深入研究。在这一环节中,企业需要关注税收政策的变化趋势、政策解读的准确性以及不同地区税收政策的差异等方面。同时,企业还需要注意防范因违规解读税收政策而导致的税务风险。最后,税务合规和申报是税收筹划流程中的重要环节。

(二)风险清单法

为了实现系统化的风险管理,企业需要详细列举并分析各种税收筹划风险因素。通过形成风险清单并对每个因素进行深入的分析和评估,企业可以全面了解自身所面临的风险状况,并制定相应的应对策略。企业需要识别可能面临的各种税收筹划风险因素。这些风险因素可能包括政策风险、市场风险、操作风险、信誉风险等。政策风险主要来自税收政策的变化和不确定性,市场风险则与宏观经济环境和市场竞争状况相关。操作风险涉及企业内部税收筹划的具体执行过程,而信誉风险则与企业声誉和公共形象有关。针对这些风险因素,企业需要进行详细的分析和评估。企业需要评估每个风险因素的发生概率和影响程度。通过收集历史数据、分析市场趋势以及与专业机构合作,企业可以对每个风险因素的发生概率进行量化评估,并预测其对税收筹划可能产生的影响。企业需要对每个风险因素制定相应的应对策略。对于政策风险,企业需要关注税收政策的变化趋势,及时调整税收筹划策略;对于市场风险,企业需要加强市场分析和预测,制订灵活的税收筹划方案;对于操作风险,企业需要加强内部控制和流程管理,确保税收筹划的合规性和准确性;对于信誉风险,企业需要注重公共关系管理和危机应对策略的制定。

(三)专家咨询法

1. 税务专家或顾问在税收政策解读方面的作用

税收政策是国家宏观调控的重要手段,对于企业的发展具有重要影响。然而,税收政策的复杂性和多变性给企业的税收筹划带来了很大的挑战。在这种情况下,税务专家或顾问的作用就显得尤为重要。税务专家或顾问能够帮助企业准确理解和把握税收政策。他们不仅熟悉税收法规和政策文件,还能够根据企业的实际情况和需求,对税收政策进行深入浅出的解读。这样,企业就能够更加准确地了解税收政策的内涵和要求,避免在理解和执行过程中出现偏差。税务专家或顾问还能够为企业提供及时的税收政策更新信息。税收政策是不断变化的,新的政策文件不断出台,旧的政策文件也不断被修订或废止。税务专家或顾问能够密切关注税收政策的动态变化,及时向企业提供最新的政策信息,确保企业的税收筹划工作始终与税收政策保持同步。

2. 税务专家或顾问在税收筹划风险评估方面的作用

税收筹划过程中存在的风险是多种多样的,如法律法规风险、政策变动风险、筹划方案风险等。这些风险如果得不到有效的评估和控制,就可能给企业带来严重的经济损失和声誉损害。税务专家或顾问凭借丰富的经验和对市场环境的敏锐洞察,能够帮助企业有效地评估和控制这些风险。税务专家或顾问能够帮助企业识别和评估税收筹划中的潜在风险点。他们通过对企业的经营状况、财务状况、市场环境等进行深入分析,发现可能存在的风险点,并对其进行定性和定量的评估。这样,企业就能够更加全面地了解税收筹划过程中存在的风险,为制定针对性的风险应对策略提供依据。税务专家或顾问还能够为企业提供风险预警和应对建议。他们根据风险评估的结果,及时向企业发出风险预警,提醒企业关注潜在的风险点。同时,他们还能够根据企业的实际情况,制定针对性的风险应对策略,帮助企业降低风险损失。

3. 税务专家或顾问在税收筹划方案优化方面的作用

税收筹划方案的设计是税收筹划工作的核心环节,其质量直接关系到税收筹划的效果。税务专家或顾问凭借深厚的税务知识和丰富的实战经验,能够为企业提供高质量的税收筹划方案优化建议。税务专家或顾问能够帮助企业量身定制最优的税收筹划方案。他们根据企业的经营状况、财务状况、市场环境等实际情况,结合税收政策和法规的要求,为企业设计合法、合规、合理的税收筹划方案。这样,企业就能够在合法合规的前提下实现税收利益的最大化。税务专家或顾问还能够为企业提供税收筹划的长期规划。他们不仅关注企业当前的税收筹划需求,还从企业长远发展的角度出发,为企业提供长期的税收筹划规划。这样,企业就能够在不同的发展阶段都能得到有效的税收筹划支持,实现持续稳健的发展。

4. 税务专家或顾问在税收风险管理体系建设方面的作用

税收风险管理体系是企业应对税收筹划风险的重要保障。税务专家或顾问不仅提供短期的咨询服务,还能够从企业长远发展的角度出发,帮助企业建立和完善税收风险管理体系。首先,税务专家或顾问能够帮助企业建立健全的税收风险管理机制。他们根据企业的实际情况和需求,设计适合企业的税收风险管理流程和制度。这样,企业就能够更加规范地进行税收筹划工作,降低风险发生的可能性。其次,税务专家或顾问能够通过培训员工、加强内部控制和流程管理等方面的工作,帮助企业提升自身的风险管理能力。他们通过举办培训班、编写培训教材等方式,提高员工对税收政策和法规的认识和理解;通过加强内部控制和流程管理,确保企业的税收筹划工作始终在可控的范围内进行。

（四）案例分析法

分析同行业或跨行业的税收筹划失败案例,是企业增强风险意识、提高风险管理能力的有效途径。通过深入研究这些案例,企业可以总结经验和教训,避免重蹈覆辙,也可以借鉴他人的成功经验,不断完善自身的税收筹划策略。首先,分析同行业或跨行业的税收筹划失败案例可以帮助企业了解风险的真实性和严重性。这些案例通常涉及企业在税收筹划中出现的各种问题,如政策理解偏差、操作失误、违规行为等。通过深入剖析这些案例,企业可以直观地了解税收筹划风险的危害,增强自身的风险意识。其次,总结这些失败案例的经验和教训可以帮助企业识别和评估潜在风险点。通过对案例进行归类和分析,企业可以发现导致税收筹划失败的共同原因,如对政策变化缺乏敏感度、过于追求税收利益而忽视合规性、内部管理混乱等。这些原因往往也是企业税收筹划中容易忽视的风险点,通过总结和提炼,企业可以更加准确地评估自身面临的风险状况。

此外,分析同行业或跨行业的税收筹划失败案例还可以为企业提供具体的风险应对策略。企业可以根据总结出的经验和教训,制定针对性的风险管理措施。例如,加强政策学习和研究、建立风险预警机制、优化内部管理流程等。通过借鉴他人的经验,企业可以不断完善自身的风险管理体系,提高风险管理能力。更为重要的是,分析同行业或跨行业的税收筹划失败案例有助于企业形成良好的风险管理文化。风险管理不仅是企业的一项管理活动,更是一种企业文化和价值观的体现。通过深入剖析失败案例,企业可以加强员工的风险意识教育,培养全员参与风险管理的意识。这样,企业可以在各个层面建立起风险防范和应对机制,降低税收筹划风险的发生概率和影响程度。在分析同行业或跨行业的税收筹划失败案例时,企业应当注意案例的代表性和时效性。选择具有普遍意义的案例进行分析,可以更好地总结经验和教训。同时,关注最新的税收筹划失败案例,可以及时了解最新的风险点和应对策略。此外,企业还应当结合自身的实际情况进行深入分析和总结,避免生搬硬套他人的经验。

(五)内部审计法

1. 可以及时发现税收筹划中的问题

企业内部税务审计是降低税收筹划风险的重要手段。通过定期或不定期地对企业的税收筹划进行内部审计,可以发现和纠正税收筹划中的问题,并对潜在风险进行预警和防范。这种方法有助于企业加强内部管理,确保税收筹划的合规性和准确性。企业内部税务审计可以及时发现税收筹划中的问题。企业在税收筹划过程中可能存在各种问题,如对税收政策的误解、操作失误或违规行为等。通过内部审计,企业可以对税收筹划过程进行全面、细致的检查,及时发现和纠正存在的问题。这有助于企业避免因疏忽或错误导致的税收风险,降低潜在的经济损失。企业内部税务审计可以对潜在风险进行预警和防范。审计人员通过对企业的税收筹划进行深入分析,可以发现潜在的风险点,如税收政策变化对企业的影响、潜在的税务争议等。通过预警和防范机制,企业可以提前采取应对措施,降低风险发生的可能性。这有助于企业提高风险管理水平,确保税收筹划的稳健性。

2.促进企业加强内部管理

企业内部税务审计可以促进企业加强内部管理。税务审计不仅是对税收筹划的审查,更是对企业内部管理的一次全面体检。通过审计,企业可以发现内部管理中的不足和漏洞,如内部控制机制不健全、流程管理混乱等。针对这些问题,企业可以采取相应的改进措施,完善内部管理机制,提高管理效率。这有助于企业提升整体运营水平,降低税收筹划风险的发生概率。同时,企业内部税务审计的结果可以为企业的决策提供重要参考。通过对税收筹划的审计,企业可以了解自身的税收状况、存在的问题以及潜在的风险。这些信息可以为企业的战略规划、投资决策等提供重要的参考依据。企业可以根据审计结果调整税收筹划策略,优化资源配置,实现可持续发展目标。为了确保企业内部税务审计的有效性,企业需要建立完善的审计制度和流程。企业需要明确审计的范围、标准和程序,确保审计工作的规范性和系统性。企业需要选拔具备专业知识和丰富经验的审计人员,确保审计工作的准确性和可靠性。此外,企业还需要建立审计结果的反馈和整改机制,对发现的问题及时进行处理和改进,避免同样的问题再次发生。

四、税收筹划风险的评估

(一)定性评估方法

1. 定性评估方法在税收筹划风险评估中的应用价值

(1)识别潜在风险

定性评估方法在企业税收筹划风险识别中扮演着至关重要的角色。这一方法的应用,不仅要求企业对自身的经营环境、财务状况有深入的了解,还需要对外部税收政策、法律法规的动态变化保持高度敏感。通过这种内外结合的综合分析,企业能够洞察到潜藏在日常经营和税收筹划中的各种风险点。对于企业内部而言,定性评估涉及对企业组织架构、财务健康状况、业务流程等方面的全面审查。这些因素直接影响企业的税收负担和筹划空间。例如,企业组织结构的复杂性可能增大税务合规的难度,而业务流程中的不合理环节可能导致税收流失或触发税务风险。在外部环境方面,税收政策和法律法规的变化是企业必须密切关注的风险源。税收政策的调整可能直接影响企业的税负和筹划策略的有效性,而法律法规的修订则可能带来新的合规要求或限制企业的税收优化空间。例如,近年来多国对跨国企业的税收监管加强,这要求企业在全球范围内重新评估其税收筹划的合规性。通过定性评估方法,企业可以系统地识别出这些潜在的风险点,进而制定相应的风险管理策略。这不仅能够帮助企业规避因税收违规而带来的法律风险和财务损失,还能够提升企业的税收管理效率,为企业的稳健发展保驾护航。

（2）判断风险性质

定性评估方法在企业税收筹划风险管理中具有不可替代的价值，它能够帮助企业精准地判断各类风险因素的内在性质。这是因为不同的风险因素往往因其独特的成因和影响机制而展现出截然不同的特点和行为模式。比如，某些风险可能是由短期的市场波动或政策调整引起的，这类风险通常具有暂时性和可逆性，一旦市场环境或政策导向回归正常，风险也会随之消散。然而，另一些风险则可能源于企业深层次的结构性问题或长期的市场趋势变化，这类风险往往更加顽固和难以逆转，需要企业从根本上调整经营策略或重塑业务模式来应对。通过定性评估方法，企业可以透过纷繁复杂的表面现象，深入剖析各类风险因素的内在属性和演变规律。这不仅有助于企业准确判断风险的严重程度和影响范围，更能够为后续的风险应对策略制定提供有力依据。例如，对于暂时性和可逆性的风险，企业可以采取灵活的应对措施，如调整税收筹划方案或优化现金流管理来降低风险影响；而对于长期性和不可逆性的风险，企业则需要制定更为全面和深远的战略规划，包括调整市场布局、改革组织架构或寻求新的增长点等，以实现风险的有效规避和企业的持续发展。

（3）确定风险优先级

定性评估方法在企业税收筹划风险管理中，不仅能够帮助企业全面识别和分析风险，更能够协助企业在面临多个风险因素时，科学合理地确定风险的应对优先级。在实际经营过程中，企业往往会同时面临多种税收筹划风险，这些风险可能来源于税收政策的变化、市场环境的波动、企业内部管理的不足等多个方面。不同的风险因素对企业的影响程度和紧迫性各不相同,因此,企业需要有一种有效的方法来对这些风险进行排序和分类,以便集中资源和精力优先应对那些对企业影响较大的风险因素。定性评估方法正是这样一种有效的工具,它通过对风险因素的深入分析和综合评价,帮助企业判断出哪些风险是当前最需要关注和应对的。在定性评估的过程中,企业会综合考虑风险的性质、影响范围、发生概率以及可能造成的损失等多个维度,从而对风险因素进行全面的量化和排序。这样,企业就能够清晰地了解到当前面临的主要风险是什么,哪些风险需要立即采取行动进行防范和化解,哪些风险可以通过长期的规划和管理来逐步降低。

2.定性评估方法在税收筹划风险评估中的具体应用

(1)收集信息

为了有效地进行税收筹划并降低潜在风险,企业必须致力于收集广泛而详尽的信息。这些信息构成了企业决策的基础,确保其税收筹划活动既合法又高效。企业内部环境信息是至关重要的。这包括企业的组织结构、财务状况、业务运营情况等。通过内部调查,企业可以深入了解自身的经营特点和潜在风险点,从而为后续的税收筹划提供有针对性的指导。外部环境信息同样不容忽视。税收政策、法律法规以及市场动态等都是企业在进行税收筹划时必须考虑的因素。通过外部咨询和网络搜索,企业可以及时了解最新的政策变化和法规要求,避免因信息滞后而引发的合规风险。在信息收集的过程中,企业应注重多渠道、多角度的获取方式。内部调查可以通过与各部门负责人的沟通、财务数据的分析等方式进行;外部咨询则可以借助专业机构或税务专家的力量,获取更为专业和精准的建议;网络搜索则可以提供更为广泛和及时的信息来源。

(2)确定风险因素

在完成了对与税收筹划相关信息的广泛收集之后,企业紧接着面临的重要任务就是对这些繁杂的信息进行系统的整理与深入的分析。企业首先需要对收集到的信息进行分类整理,如将政策调整、法律法规变化、执行不当等各类信息分别归类。这样有助于企业清晰地了解各类风险因素的来源和性质。接着,企业应对这些信息进行详细分析,深入探究每个风险因素的具体内容、影响范围以及可能引发的后果。例如,对于政策调整类信息,企业应分析政策变化的原因、趋势以及可能对企业税收筹划产生的影响。对于法律法规变化类信息,企业应关注法律法规的修订内容、实施时间以及企业的合规性要求。对于执行不当类信息,企业应审视自身在税收筹划执行过程中可能存在的问题和不足。通过这样的整理和分析,企业可以准确地确定可能存在的风险因素,进而为下一步的风险应对策略制定提供有力依据。同时,这一过程也有助于企业提升对税收筹划风险的认识和管理水平,为企业的稳健发展保驾护航。

(3)分析风险性质

企业在进行税收筹划风险管理时,对每个风险因素的深入分析和性质判断是不可或缺的关键步骤。这不仅要求企业对风险因素的表面现象有所了解,更需要透过现象看本质,全面把握风险因素的内在属性和特点。对于政策调整带来的风险,企业的分析应足够深入和细致。政策调整的可能性、方向和力度都是企业需要密切关注的重点。企业需要评估政策调整对企业税收筹划的直接影响,以及可能引发的连锁反应。例如,政策调整可能导致企业原有的税收筹划方案不再适用,或者使得企业的税收负担发生重大变化。对于法律法规变化带来的风险,企业同样需要进行全面的分析。法律法规的变化往往具有强制性和规范性,企业必须严格遵守。因此,企业需要密切关注法律法规的变化趋势和内容,及时评估这些变化对企业税收筹划的合规性和有效性产生的影响。对于执行不当带来的风险,企业更需要深入剖析。执行不当可能源于企业内部管理的漏洞、员工操作的失误或外部环境的突变等多种原因。企业需要分析执行不当的具体原因和后果,制定相应的纠正措施,避免类似风险的再次发生。

(4)评估风险等级

在深入剖析每个税收筹划风险因素的性质之后,企业紧接着需要进行系统的等级评估。这一过程旨在将不同风险因素按照其重要性进行排序,从而为企业确定风险应对的优先级提供坚实依据。等级评估的依据多元化,其中最核心的几个维度包括风险因素的严重程度、影响范围以及发生概率。严重程度反映了风险一旦发生可能给企业带来的损失大小;影响范围则体现了风险波及面的宽窄,即可能影响企业哪些方面的正常运营;而发生概率则揭示了风险出现的可能性大小。在进行等级评估时,企业可以采用定性与定量相结合的方法。定性评估主要依赖于专家的经验和判断,对风险因素进行主观上的量级划分;而定量评估则通过数据分析和模型计算,给出风险因素的具体数值或概率。结合两种方法,企业能够更全面、准确地评估每个风险因素的等级。通过等级评估,企业不仅能够清晰地了解哪些风险因素是当前最为紧迫和重要的,还能够针对不同等级的风险因素制定差异化的应对策略。对于高等级的风险因素,企业需要立即采取行动进行防范和化解;而对于低等级的风险因素,企业则可以通过长期的规划和管理来逐步降低其影响。

（5）制定应对措施

在完成对税收筹划风险因素的全面分析和等级评估之后,企业面临的最终任务就是根据这些评估结果制定具体的应对措施。这一环节对于确保企业的税收筹划活动既合法合规又高效至关重要。针对高风险因素,企业必须采取积极有效的措施进行防范和化解。这可能包括调整税收筹划策略以适应新的政策环境,加强内部监控以防范执行不当风险,或者与外部专业机构合作以获取更专业的税收筹划建议等。通过这些措施,企业可以最大限度地降低高风险因素可能带来的损失和影响。对于中低风险因素,企业也不能掉以轻心。虽然这些风险因素的影响相对较小,但如果不加以监控和管理,它们也有可能逐渐升级成为更大的风险。因此,企业需要采取一般性措施对这些风险因素进行持续监控和管理。例如,定期审查税收筹划方案的合规性,加强员工对税收法规的培训和教育,或者建立风险预警机制以便及时发现和处理潜在问题等。

（二）定量评估方法

通过建立数学模型或运用统计分析工具对风险的概率和损失进行量化评估,是企业税收筹划中的一种客观准确的风险评估方法。这种方法基于大量的数据支持和专业的分析技巧,能够为企业提供更为精确的风险评估结果。首先,建立数学模型可以对税收筹划中的风险进行量化评估。数学模型可以通过对历史数据的分析和预测,计算出各个风险因素的发生概率和潜在损失。这些数据可以为企业的决策提供重要的参考依据。通过模型预测,企业可以了解风险的发展趋势和潜在影响,提前制定应对措施。在建立数学模型的过程中,企业需要收集大量的历史数据和相关信息。数据的质量和完整性对于模型的准确性和可靠性至关重要。因此,企业需要确保数据的来源可靠、处理方法科学,并对数据进行合理的清洗和整理。其次,运用统计分析工具也可以对风险的概率和损失进行量化评估。统计分析工具可以对收集到的数据进行深入分析,揭示数据之间的内在联系和规律。通过统计分析,企业可以了解各个风险因素之间的关联程度、影响因素以及潜在的因果关系。

这些分析结果可以帮助企业更好地理解风险的形成机制,制定更有针对性的应对策略。运用统计分析工具时,企业需要选择合适的统计方法和分析软件。不同的方法和软件可能适用于不同类型的数据和问题。企业需要根据自身的需求和数据特点选择合适的工具,并对分析结果进行合理的解读和应用。虽然建立数学模型和运用统计分析工具的方法客观准确,但它们需要大量的数据支持和分析技巧。企业需要投入一定的资源来收集和处理数据、培养专业的分析人才或寻求外部专家的帮助。同时,这些方法也需要根据市场环境和数据的变化进行定期更新和维护,以确保其准确性和有效性。此外,企业还需要注意将量化评估与定性评估相结合。虽然量化评估能够提供客观准确的数据支持,但定性评估同样重要。定性评估可以考虑到一些非量化因素,如政策变化、市场不确定性等对税收筹划风险的影响。通过综合量化评估和定性评估的结果,企业可以更加全面地了解税收筹划中的风险状况,并采取更为有效的应对措施。

五、应对税收筹划风险的措施

(一)规范操作流程

1. 明确税收筹划的操作流程

在税收筹划过程中,企业应制定严格的操作流程和规范,以确保各项操作符合法律法规和企业内部制度的要求。这样的流程和规范不仅有助于降低合规风险,还能提高企业的税收筹划效率。企业应明确税收筹划的操作流程。从项目启动、方案设计、实施执行到后续监控和调整,每个环节都应有明确的操作要求和标准。这有助于确保筹划工作的系统性和规范性,避免遗漏或错误操作。同时,流程设计应充分考虑企业的实际情况,确保流程的可操作性和适用性。

2. 制定详细的税收筹划规范

企业应制定详细的税收筹划规范。这些规范应包括对税收政策的理解、筹划方法的选用、数据分析和预测等关键环节。规范应明确指出合规要求、禁止行为以及违反规定的后果,为相关人员提供明确的指引。此外,规范还应具有一定的灵活性,以便应对政策和市场环境的变化。为了确保操作流程和规范的执行效果,企业应加强对员工的培训和教育。通过定期开展税务培训、政策解读和案例分享等活动,提高员工对税收筹划的认知水平和操作技能。此外,企业还应注重培养员工的合规意识,使其充分认识到合规操作的重要性,增强遵守规定的自觉性。在培训和教育过程中,企业应注重实际操作能力的培养。通过模拟实际业务场景,让员工进行实操练习,提高其解决实际问题的能力。同时,要加强对员工在实际工作中遇到的疑难问题进行总结和分析,不断完善培训内容和方法。

(二)建立风险预警机制

1. 明确风险预警系统的目标和功能

在当今复杂多变的市场环境中,企业面临着各种内外部风险。为了有效应对这些风险,企业应建立一套完善的风险预警系统。通过实时监测市场环境、企业经营状况等因素的变化趋势,预警系统能够及时发现潜在的风险隐患,为企业提供应对措施,降低风险对企业的影响。企业应明确风险预警系统的目标和功能。预警系统的目标是为企业提供及时、准确的风险预警,帮助企业提前采取应对措施,降低风险损失。功能上,预警系统应包括数据收集、监测分析、预警触发和应对措施等模块。一旦触发预警,系统应及时向相关人员发出警报,并给出相应的应对措施建议。这些应对措施可能包括调整经营策略、加强风险管理、寻求外部支持等。通过及时采取应对措施,企业能够降低风险对企业的影响,甚至将风险转化为机遇。为了提高预警系统的效果,企业应定期对系统进行更新和维护。

2. 确定监测的关键风险因素

企业应确定需要监测的关键风险因素。这些因素可能包括市场环境的变化、竞争对手的动态、企业经营状况的波动等。根据企业的实际情况,选择关键的风险因素进行实时监测,确保预警系统的针对性。在建立预警系统的过程中,企业应注重数据来源的多样性和准确性。收集内部和外部的相关数据,包括财务、市场、技术等方面的信息。确保数据的准确性和可靠性对于预警系统的有效性至关重要。同时,应定期对数据进行清洗和整理,去除异常值和错误信息。预警系统的核心是对收集到的数据进行监测和分析。通过设定合理的阈值和指标,系统能够自动对数据进行比较和分析,发现异常波动和潜在的风险点。阈值和指标的设定应根据企业的实际情况和市场环境的变化进行调整,以确保预警系统的敏感性和准确性。

(三) 多元化风险管理

在税收筹划过程中,企业常常面临各种风险,如政策变化、市场波动等。为了降低这些风险对企业的影响,多元化策略成为一种有效的手段。通过多元化投资、经营等方式,企业可以分散税收筹划风险,降低单一因素对税收筹划的影响程度。多元化策略的核心思想是通过增加投资的多样性来降低风险。在税收筹划中,企业可以通过将资金投向不同的行业、地区或经营模式,以降低单一领域政策变化或市场波动对企业税收筹划的影响。例如,当某一行业的税收政策发生变化时,如果企业在该行业的投资比重较小,其税收筹划受影响的程度也会相应降低。除了投资多元化,企业还可以通过经营多元化来分散税收筹划风险。通过开展多种业务或产品线,企业可以在不同领域中寻找税收筹划的平衡点。例如,某些行业可能面临较高的税负压力,而另一些行业则可能享受税收优惠政策。通过在不同行业中经营,企业可以更好地平衡税负,降低整体税收筹划的风险。

第三节　税收筹划风险管理策略

一、税收筹划风险管理的意义

随着经济全球化的深入发展,企业经营环境日趋复杂,税收筹划风险管理的重要性日益凸显。首先,有效的税收筹划风险管理可以帮助企业规避税务风险,避免因违规行为引发的罚款和声誉损失。其次,合理的税收筹划有助于企业提高经济效益,通过优化资源配置、降低成本等方式增加企业利润。最后,良好的税收筹划风险管理有助于提升企业的管理水平和合规意识,增强企业的核心竞争力。

二、税收筹划风险管理的原则

(一)合规性原则

在进行税收筹划风险管理时,必须始终以遵守国家法律法规为前提,这是企业生存和发展的基础,也是企业社会责任的体现。一方面,企业可能会面临税务部门的罚款、滞纳金等经济处罚;另一方面,企业声誉可能会受到严重影响,进而影响企业的市场份额和投资者信心。更为严重的是,企业还可能面临刑事责任,对企业的经营和发展造成致命打击。

除此之外,企业还应该建立风险评估和预警机制。通过对税务数据进行实时监测和分析,及时发现潜在的税务风险和问题,采取有效的应对措施,降低风险对企业的影响。同时,企业还应该加强与其他部门的合作与沟通,确保税务信息的准确性和及时性,避免因信息不对称而导致的税务风险。另外,随着信息技术的发展和应用,企业可以利用大数据、人工智能等技术手段,提高税收筹划风险管理的效率和准确性。例如,企业可以利用大数据技术对海量税务数据进行挖掘和分析,发现潜在的税务风险和问题;利用人工智能技术建立智能化的风险预警系统,对税务数据进行实时监测和分析,及时发现潜在风险和问题。这些技术手段的应用,可以帮助企业更好地防范和控制税务风险,提高企业的经济效益和市场竞争力。

（二）成本效益原则

企业在制订税收筹划方案时,不能只考虑税务成本的降低,而忽略筹划方案的实际效益。因此,企业在制订税收筹划方案时应充分考虑成本和效益的平衡。首先,企业需要明确税收筹划的目标。税收筹划的目标不仅仅是为了降低税务成本,更是为了提高企业的整体经济效益。因此,企业在制订税收筹划方案时,需要从企业的整体利益出发,综合考虑各种因素,如税务成本、市场环境、行业竞争等。只有明确了税收筹划的目标,企业才能更好地制订出切实可行的筹划方案。其次,企业需要评估税收筹划方案的可行性。在制订税收筹划方案时,企业需要对筹划方案的可行性进行充分评估。这包括对筹划方案的合法性进行审查、对筹划方案的实施难度进行评估以及对筹划方案的经济效益进行预测。只有经过充分评估的筹划方案,才有可能在实际操作中得到成功实施,并为企业带来实际的利益。第三,企业需要注重税收筹划方案的灵活性。税收筹划方案需要能够应对各种可能的变化和不确定性。例如,税收政策的变化、市场环境的变化以及企业自身情况的变化等。

因此,企业在制订税收筹划方案时,需要注重方案的灵活性,以便能够根据实际情况进行调整和完善。只有具备灵活性的筹划方案,才能更好地适应各种变化和不确定性,确保企业获得实际的利益。最后,企业需要建立完善的监控和评估机制。在实施税收筹划方案的过程中,企业需要对方案的执行情况进行实时监控和评估。这有助于及时发现和解决筹划方案实施中遇到的问题和困难,也有助于评估筹划方案的实际效益。通过对筹划方案的持续改进和优化,企业可以更好地实现成本和效益的平衡,确保筹划方案的实施能够为企业带来实际的利益。

(三)风险与收益均衡原则

在企业的经营活动中,税收筹划是一项重要的财务管理策略。通过合理的税收筹划,企业可以降低税务成本,提高经济效益。然而,企业在制订和实施税收筹划方案时,必须充分权衡收益与潜在风险的关系,避免因过分追求降低税负而引发不必要的风险。首先,企业应明确税收筹划的目标。税收筹划的目标不应仅仅局限于降低税务成本,而应该以实现企业整体经济效益最大化为目标。在制订税收筹划方案时,企业应综合考虑各种因素,如税务成本、市场环境、行业竞争等,制订出切实可行的筹划方案。同时,企业应认识到税收筹划的风险性,不应过分追求降低税负而忽视可能引发的风险。其次,企业应加强税收筹划的风险管理。在制订税收筹划方案时,企业应对潜在的风险进行充分评估和预测。通过对风险的充分评估,企业可以制定相应的应对措施,降低风险对企业的影响。

三、税收筹划风险管理的主要策略

(一)完善内部控制体系

1.明确各部门在税收筹划中的职责和权限

建立健全的内部控制体系是现代企业风险管理的核心内容,

也是有效防范税收筹划风险的基础。内部控制体系通过一系列的制度、流程和措施,确保企业的各项业务活动合法、合规、高效地开展,从而防止各种风险的发生。在税收筹划领域,内部控制体系同样发挥着至关重要的作用。企业应明确各部门在税收筹划中的职责和权限。税收筹划往往涉及企业的各个部门,从财务、采购、销售到人力资源等,因此,明确各部门的职责和权限,能够避免权责重叠或空白,确保税收筹划工作的顺利进行。企业可以根据各部门在税收筹划中的角色和功能,划分不同的职责范围,并赋予相应的权限。例如,财务部门负责制订税收筹划方案、执行税收计划,而法务部门则负责审核税收筹划活动的合法性,确保其与法律法规的一致性。

2. 确保权责分明、信息沟通顺畅

企业应确保权责分明、信息沟通顺畅。在明确各部门职责的基础上,企业应建立一套有效的信息沟通机制,确保各部门之间的信息传递及时、准确。这样在税收筹划过程中,一旦出现任何问题或风险,相关部门能够迅速做出反应,共同解决问题,降低风险对企业的影响。同时,权责分明能够避免在出现问题时相互推诿、扯皮的现象,提高风险应对的效率和效果。加强内部审计工作也是防范税收筹划风险的重要措施之一。内部审计通过对企业的各项业务活动进行独立、客观的审查和评估,及时发现和纠正潜在的风险点。在税收筹划方面,内部审计可以帮助企业审查税收筹划方案的合法性、合理性和效益性,以及各部门在税收筹划中的执行情况。通过内部审计的监督和评价,企业可以不断完善税收筹划工

作,增强其合规性和有效性。此外,企业还应注重人才培养和团队建设。税收筹划是一项专业性很强的工作,需要具备丰富的税务知识和实践经验。企业应招聘和培养一批高素质的税务人才,打造一支专业化的税收筹划团队。

(二)提升税务人员的专业素质

1. 加强对税务人员的培训和教育

税务人员的专业素质和道德水平在税收筹划中起着至关重要的作用。税务人员是企业税收筹划的执行者和风险管理的第一线,其专业素质和道德水平直接关系着税收筹划的合法性、合理性和效益性,对企业风险管理效果产生重要影响。税务人员的专业素质是确保税收筹划合法、合理的基础。企业应加强对税务人员的培训和教育,提高他们对税收法规的理解能力和税务操作技能。通过定期组织内部培训、外部专业机构培训、研讨会等形式,使税务人员能够及时掌握最新的税收政策法规,了解税收筹划的新理念、新方法,提高他们的专业水平。

2. 建立税务人员的资格认证和考核制度

企业可以建立税务人员的资格认证和考核制度,要求他们具备相应的专业资格,并定期对其专业能力进行评估和考核,确保他们具备足够的胜任能力。其次,税务人员的道德水平是防范税收筹划风险的重要保障。企业应注重培养税务人员的职业道德,强化他们的法律意识和风险意识,防止因个人利益而损害企业整体利益的行为发生。

3. 制定严格的道德规范和行为准则

企业可以制定严格的道德规范和行为准则,要求税务人员遵守法律法规、坚持诚信原则,保持高度的廉洁自律。同时,建立有效的监督机制,对税务人员的行为进行监督和约束,及时发现和纠正违反职业道德的行为。此外,企业还应建立健全的激励机制和考核制度。通过合理的薪酬制度、晋升机制和奖励措施,激发税务人员的工作积极性和创新精神,使他们更加主动地参与到税收筹划工作中。同时,将税务人员的绩效与企业的税收筹划目标相结合,对其进行全面的考核和评价,确保他们的工作符合企业的战略发展要求。为了更好地发挥税务人员的作用,企业还应建立良好的沟通机制和团队协作氛围。加强部门之间的信息交流和协作配合,使税务人员能够及时获取相关的财务、市场和业务信息,为其进行税收筹划提供有力支持。同时,鼓励税务人员与其他部门的人员进行交流和合作,增进相互之间的理解和信任,共同推动企业的税收筹划工作顺利开展。

(三)强化与外部机构的合作与沟通

在当今复杂的经济环境下,企业税收筹划的风险管理不仅依赖于内部制度的完善和人员的专业素质,还与外部机构的合作密不可分。与税务机关、会计师事务所等外部机构的良好合作关系,对于企业防范税收筹划风险、确保合法合规具有重要意义。首先,与税务机关建立良好的合作关系至关重要。税务机关是企业税收筹划的直接监管者,及时了解其政策导向和征管要求,可以使企业在税收筹划中更加精准地把握方向,避免因对政策理解不透或操作不当而引发的风险。企业应主动与税务机关沟通,定期汇报税收筹划的进展情况,及时反馈政策执行中的问题。通过与税务机关的交流,企业可以及时获取最新的税收政策信息,确保税收筹划活动的合法性和合规性。同时,借助税务机关的专业意见和建议,企业可以对筹划方案进行修正和完善,增强其科学性和可行性。其次,与会计师事务所等中介机构的合作也是企业税收筹划的重要支持。会计师事务所拥有丰富的税务经验和专业知识,可以为企业的税收筹划提供专业的指导和建议。通过与会计师事务所的合作,企业可以借助其专业力量对筹划方案进行深入分析和评估,增强筹划方案的科学性和合理性。

同时,会计师事务所的监督和审核能够及时发现和纠正税收筹划中的问题,降低潜在的风险。此外,会计师事务所还能为企业提供税务咨询、税务培训等服务,帮助企业提高税务管理水平,增强风险防范意识。除了与外部机构建立合作关系,企业还应加强与行业协会、其他企业的信息共享和交流。通过与行业协会的沟通,企业可以了解行业内的税收筹划动态和最佳实践,获取行业内的税收筹划经验和教训。与其他企业的交流则能够使企业了解同行业的税收筹划策略和操作方法,相互学习和借鉴,共同提高行业的税收筹划水平。

(四)制定应急预案

在制订税收筹划方案时,企业不仅要考虑如何降低税负,还要充分评估潜在的风险。税收筹划的风险多种多样,可能来源于政策变化、市场波动、操作失误等各个方面。因此,制定应急预案是风险管理不可或缺的一环。应急预案的制定应基于对可能出现的风险情况的全面考虑。首先,企业需要对各种可能出现的风险进行识别和分类。这包括政策风险、市场风险、操作风险等,以及它们可能对企业税收筹划产生的影响。例如,政策风险可能源于税收政策的调整,导致企业的税收筹划失效或带来额外的税负;市场风险可能影响企业的经营收入和成本,进而影响税收筹划的效果。在识别出潜在的风险后,企业需要对这些风险进行评估。这包括评估风险发生的可能性、影响程度以及可能持续的时间。通过这一步骤,企业可以确定哪些风险是需要重点关注和应对的。针对识别和评估出的风险,企业需要制定相应的应对措施。这些措施应包括预防措施、应急处置和事后恢复等内容。

预防措施旨在降低风险发生的可能性,例如及时关注税收政策变化并调整税收筹划策略;应急处置是指在风险发生时采取的紧急措施,以最大限度地减少企业的损失;事后恢复则是风险发生后的修复和重建工作,以尽快恢复正常运营状态。此外,应急预案还应包括预案的更新和维护机制。由于企业面临的内外部环境不断变化,风险状况也可能随之发生变化。因此,企业需要定期对预案进行评估和更新,以确保其始终能反映当前的市场环境和企业的实际情况。同时,应定期进行预案演练,以提高企业在风险发生时的应对能力。制定应急预案不仅可以提高企业在面临风险时的应对能力,还能帮助企业更好地管理其税收筹划活动。通过预案的制定和实施,企业可以更加系统和全面地管理其税收筹划活动,确保其始终在合法、合规的范围内进行,并最大限度地降低潜在的风险。

(五)合理利用外部资源

1. 与专业咨询机构建立紧密的合作关系

在实施税收筹划风险管理时,企业应充分利用外部资源,借助外部力量来提升自身的风险管理水平。与专业咨询机构、行业协会等外部资源的合作,可以帮助企业获取最新的税收政策信息、了解行业最佳实践、参与行业交流活动等,从而更好地应对税收筹划中的风险。首先,企业应与专业咨询机构建立紧密的合作关系。专业咨询机构具备丰富的税收筹划经验和专业知识,能够为企业提供全面、专业的风险管理建议。通过与专业咨询机构的合作,企业可以及时获取最新的税收政策信息,了解政策变化的趋势和影响,从而及时调整税收筹划策略,降低政策风险。此外,专业咨询机构还可以帮助企业评估潜在的风险因素,提供风险预警和应对措施,确保企业的税收筹划活动合法、合规。其次,行业协会也是企业实施税收筹划风险管理的重要外部资源。

2. 与政府部门、监管机构等保持密切联系

行业协会通常汇聚了众多业内企业和专家,是企业之间交流与合作的平台。通过参与行业协会的活动,企业可以与同行交流税收筹划的经验和心得,共同探讨最佳实践。行业协会还会定期发布行业报告和研究资料,为企业提供丰富的参考资料和数据支持。此外,行业协会通常与政府部门、监管机构等保持密切联系,能够及时获取政策动态和权威解读,为企业提供有价值的政策信息和建议。除了与专业咨询机构和行业协会的合作,企业还可以

利用其他外部资源来提升税收筹划风险管理能力。例如,参加行业培训和研讨会,与其他企业、专家共同学习和交流;利用大数据和人工智能技术,获取更全面的市场和政策信息;与高校和研究机构合作,开展税收筹划相关的研究和项目合作等。企业在利用外部资源时,应注意选择具备良好信誉和资质的专业机构,确保获取信息的准确性和可靠性。同时,企业应保持对外部资源的持续评估和选择,根据自身需要和发展阶段选择最适合的合作对象。此外,企业在与外部资源合作时,应保持自主判断能力,结合自身实际情况制定税收筹划风险管理策略。

(六)建立风险管理文化

1. 将风险管理理念融入企业文化

在当今充满挑战和机遇的市场环境中,企业的稳健发展离不开对风险的有效管理。而要将风险管理落到实处,仅仅依靠制度和流程是不够的。企业需要将风险管理理念真正融入企业文化中,让每一个员工都认识到风险管理的重要性,从而形成全员参与的风险管理氛围。首先,企业高层领导要在企业文化建设中发挥引领作用。他们需要明确表达对风险管理的重视,将其作为企业发展的重要组成部分。通过高层领导的推动和示范,使员工感受到风险管理并非只是空洞的口号,而是与企业命运息息相关的重要实践。为了实现这一目标,企业需要采取多种措施来加强员工的风险意识教育。定期举办风险管理培训、研讨会和讲座,邀请行业专家为员工深入解读风险管理的内涵和实际操作方法。通过案例分析、模拟演练等方式,员工亲身体验并深入了解风险管理的重要性。此外,企业还可以通过内部刊物、宣传栏、微信公众号等渠道,广泛传播风险管理知识,使员工在日常工作中不断强化风险意识。

2. 建立风险管理的激励机制

除了培训和教育,企业还可以通过建立风险管理的激励机制,鼓励员工积极参与风险管理工作。例如,设立风险管理奖励基金,对在风险识别、评估和应对过程中做出突出贡献的员工给予物质和精神上的双重奖励。这样可以激发员工参与风险管理的积极性和创造性,形成全员参与的良好氛围。同时,为了确保风险管理的有效实施,企业还需要建立完善的沟通机制。鼓励员工在日常工作中发现问题、提出建议,及时反馈潜在的风险隐患。企业可以设立风险管理信箱、定期召开风险管理工作会议等途径,确保信息畅通、集思广益。这样可以使企业及时发现并应对各种风险,减少不必要的损失。通过培养员工的风险防范意识,企业不仅可以提高自身的抗风险能力,还能在面对危机时更加从容不迫、快速应对。一个具备全员参与风险管理能力的企业,将更有信心和实力迎接未来的挑战,实现可持续发展目标。此外,将风险管理理念融入企业文化中还有助于提升企业的社会形象和品牌价值。一个注重风险管理的企业在面对外部利益相关者时将更加可信和可靠,这将为其赢得更多的信任和支持。同时,企业内部的稳定和健康发展也将为员工的个人成长提供更好的平台和发展空间。

（七）重视信息化建设

1. 建立税收筹划风险管理信息系统

在信息化时代，企业的税收筹划风险管理面临着前所未有的机遇与挑战。随着大数据、云计算等技术的迅猛发展，企业应建立税收筹划风险管理信息系统，以实现内外部信息的实时收集、分析和传递。这一系统不仅是企业现代化管理的重要标志，更是提升税收筹划风险管理能力的关键。建立税收筹划风险管理信息系统能够大幅提高企业风险识别和评估的准确性。在传统的管理模式下，企业往往依靠人工方式进行信息收集和分析，不仅效率低下，而且容易出错。而通过信息系统，企业可以实时收集内外部数据，运用先进的数据分析工具和算法，快速准确地识别出潜在的风险点。此外，系统还可以根据历史数据和行业趋势，对各类风险进行定量和定性的评估，为企业决策提供科学依据。

2. 增强企业风险应对的及时性

该系统有助于增强企业风险应对的及时性。一旦发现风险点，信息系统能够迅速做出反应，自动生成风险报告并推送给相关人员。企业可以迅速组织人员对风险进行评估和处置，避免了传统方式下信息传递的延误。此外，通过系统的实时监控功能，企业还可以及时跟踪风险应对措施的执行情况，确保风险得到有效控制。在建立税收筹划风险管理信息系统的过程中，企业应注重系统的安全防护措施。随着信息技术的广泛应用，网络安全问题日益凸显。为了防止信息泄露和被非法攻击，企业应对系统实施严格的安全管理措施。这包括定期更新软件和硬件设备、设置多层次的安全访问控制、采用加密技术保护数据传输等。同时,企业应加强对员工的网络安全培训,增强其防范意识和应对能力。

3. 确保系统的稳定性和可靠性

企业应与专业的信息技术公司合作,共同研发适合自身实际情况的税收筹划风险管理信息系统。通过引入先进的技术和解决方案,企业可以确保系统的稳定性和可靠性,同时根据自身需求进行定制化开发,使系统更好地服务于税收筹划风险管理。除了技术层面的支持,企业还应建立健全的信息管理制度和流程。明确各部门在信息管理中的职责和权限,建立完善的信息收集、存储、分析和传递流程。通过规范化的管理,企业可以提高信息的质量和可用性,确保信息系统能够发挥最大效用。

(八)合理规划税收筹划方案

1. 评估税收筹划方案的合法性、风险性和成本效益

企业在制订税收筹划方案时,不仅要考虑降低税负,还要注重方案的合理性和可行性。避免追求短期税负降低而忽视长期利益的行为,确保税收筹划与企业整体战略目标相一致。企业应进行合理性和可行性分析,评估税收筹划方案的合法性、风险性和成本效益。合法性分析要确保方案符合税收法律法规的要求,避免触碰法律红线;风险性分析要识别并评估潜在的风险因素,制定相应的风险防范措施;成本效益分析则要综合考虑税收筹划带来的收益与实施成本,确保方案的盈利性。遵循成本效益原则对税收筹

划方案进行综合评估至关重要。企业应权衡税收筹划方案的收益与成本,选择最优方案。

2. 充分考虑显性成本和隐性成本

在评估过程中,要充分考虑显性成本和隐性成本,如人力、物力、财力的投入以及潜在的机会成本。通过细致的成本效益分析,企业可以筛选出经济效益最高的方案。此外,防范税收筹划引发的相关风险并进行合理规划与管理至关重要。企业应建立风险预警机制,及时发现并应对潜在的税收筹划风险。同时,制定风险应对策略,确保在风险发生时能够迅速采取措施,减轻风险对企业的影响。通过合理的规划与管理,企业可以降低税收筹划风险,提高风险管理水平。

3. 整体战略需求以及经济环境、行业特点

在制订税收筹划方案时,企业还需考虑企业整体战略需求以及经济环境、行业特点等因素的影响。结合企业的实际情况进行个性化定制方案,确保方案符合企业的特定需求和发展目标。在经济环境、行业特点等方面,企业应关注宏观政策的调整、市场竞争态势等因素,及时调整税收筹划策略,以适应外部环境的变化。注重方案的实施效果监控与反馈机制的建设也是成功实施税收筹划方案的关键。企业应建立有效的监控机制,对税收筹划方案的执行过程进行实时跟踪和监控,确保方案的有效实施。同时,建立健全的反馈机制,及时收集和分析执行过程中的数据和信息,对方案进行持续改进和优化。通过实施效果监控与反馈机制的建设,企业可以及时发现问题、调整方案,确保税收筹划目标的实现。最

后,企业在制订税收筹划方案时还要注重与专业人士的沟通和合作。税务专家、会计师等专业人士在税收筹划方面具有丰富的经验和专业知识,他们的参与有助于增强方案的合理性和可行性。通过与专业人士的沟通和合作,企业可以获得更加精准的税务咨询和解决方案,为企业的税收筹划提供有力支持。

第六章 基于大数据的现代企业财务创新

第一节 财务管理与大数据的关系概述

一、财务管理与大数据结合的背景

传统的财务管理主要依赖于财务报表和有限的内部数据来进行决策。但在今天这个信息爆炸的时代,企业需要处理的数据量呈指数级增长,数据的类型也变得更加复杂多样。这使得传统的财务管理方法难以应对这种挑战,而大数据技术的出现为企业提供了一种新的解决方案。大数据技术不仅可以处理海量的数据,还可以通过对这些数据的分析,提供更精准、更深入的洞察。这种洞察力可以帮助财务管理人员更好地理解企业的运营状况,预测未来的趋势,从而做出更科学、更有效的决策。因此,财务管理与大数据的结合不仅是技术发展的必然结果,也是应对复杂市场环境、提高管理效率的必要手段。

二、财务管理与大数据的深度融合

(一)财务数据处理的智能化

在数字化时代,大数据技术已经深入各个行业和领域中,特别是在财务管理方面。大数据技术的应用,使得企业能够处理海量的财务数据,包括结构化和非结构化数据。这些数据来自各种不同的来源,如企业的财务报表、交易记录、市场数据等。通过运用大数据技术,企业可以对这些数据进行深入的挖掘和分析,从而更准确地预测未来的市场趋势,制定科学的财务预算和决策。首先,大数据技术能够帮助企业处理海量的数据。传统的财务管理方法在处理大量数据时往往面临着数据存储和处理能力的限制。而大数据技术则能够有效地处理这些海量数据,保证数据的准确性和完整性。其次,大数据技术能够帮助企业更好地预测未来的市场趋势。这种预测可以帮助企业提前做好规划和准备,提高决策的科学性和准确性。最后,大数据技术能够帮助企业制定科学的财务预算和决策。通过对大量数据的分析,企业可以更加准确地了解自身的经营状况和市场环境,从而制定更加科学的财务预算和决策。例如,企业可以通过分析市场数据和竞争情况,制定更加合理的价格策略和营销策略;同时,通过对自身的财务数据的分析,可以更加准确地预测未来的财务状况,制订更加科学的财务计划。

(二)风险管理

在数字化时代,大数据技术为企业带来了前所未有的机遇和挑战。其中,大数据技术在财务管理方面的应用已经成为企业提高决策效率和风险管理水平的重要手段。通过大数据技术,企业可以实时监测市场变化、企业经营状况等,及时发现潜在风险,进行有效的风险预警和防范。首先,大数据技术可以帮助企业实时监测市场变化。市场变化是企业经营中不可避免的现象,而及时了解市场变化并做出应对是企业成功的关键。大数据技术可以通过对市场数据的实时监测和分析,帮助企业及时了解市场动态,掌握市场趋势,从而更好地把握商机。例如,企业可以通过分析市场价格、竞争对手的销售数据、消费者需求等数据,及时调整销售策略和产品定位,提高市场竞争力。其次,大数据技术可以帮助企业实时监测自身的经营状况。通过分析企业的财务报表、销售数据、生产数据等内部数据,企业可以及时了解自身的经营状况,发现存在的问题和潜在的风险。这种实时的监测和分析可以帮助企业及时调整经营策略,优化资源配置,提高经营效率。例如,当企业发现某产品的销售数据出现异常时,可以通过大数据分析迅速定位问题所在,及时采取措施进行调整和改进。最后,大数据技术可以帮助企业进行有效的风险预警和防范。风险管理是财务管理的重要组成部分,而大数据技术可以为风险管理提供更加精准和深入的洞察。通过分析历史数据和实时数据,企业可以识别和评估潜在的风险点,建立风险预警机制。同时,通过监测市场变化和经营状况,企业可以及时发现潜在的风险信号,采取有效的风险防范措施。这种预警和防范机制可以帮助企业降低经营风险,增强经营稳定性。

（三）投资决策

在当今信息爆炸的时代，大数据分析已经成为企业制定投资决策的重要工具。通过对市场数据的深入挖掘和分析，企业可以更加精准地把握市场动态，预测未来的发展趋势，从而做出更加科学、合理的投资决策。首先，大数据分析能够帮助企业更好地理解市场趋势。市场趋势是投资决策的重要依据，而大数据分析则能够为企业提供更加全面、深入的市场数据。通过分析这些数据，企业可以了解消费者的需求、竞争对手的策略、行业的发展趋势等信息，从而更加准确地把握市场动态。这种深入的市场理解能够帮助企业发现商机，制定更加符合市场需求的投资策略。其次，大数据分析能够为企业提供更加精准的预测。预测是投资决策的关键环节，而大数据分析则能够为企业提供更加精准的预测结果。通过运用机器学习和数据挖掘等技术，企业可以对市场数据进行深入的分析和挖掘，发现数据之间的关联和规律，从而预测未来的市场趋势和投资回报。这种精准的预测能够帮助企业制定更加明智的投资决策，提高投资回报率。最后，大数据分析能够帮助企业评估投资风险。投资风险是投资决策中不可避免的因素，而大数据分析则能够帮助企业更加全面地评估投资风险。通过分析历史数据和市场趋势，企业可以了解各种可能出现的风险因素，并制定相应的风险防范措施。同时，大数据分析还可以帮助企业建立风险预警机制，及时发现潜在的风险信号，采取有效的风险应对措施。这种全面的风险评估和管理能够帮助企业降低投资风险，提高投资的安全性和稳定性。

（四）内部审计

在数字化时代,大数据技术的应用已经深入到了各个领域,其中也包括内部审计。大数据技术可以帮助企业提高内部审计的效率和准确性,从而更好地保障企业的财务安全和稳定。首先,大数据技术可以提高内部审计的效率。传统的内部审计方法往往依赖于人工审查和抽样调查,这种方法既耗时又费力,而且容易出错。而大数据技术则可以对海量的数据进行分析和处理,快速地发现异常和问题。通过运用大数据技术,企业可以大幅缩短审计时间,提高审计效率,同时减少人工错误的可能性。其次,大数据技术可以增强内部审计的准确性。在传统的审计方法中,由于时间和资源的限制,审计人员往往只能对部分数据进行审查,这可能会导致对一些问题的遗漏和误判。而大数据技术则可以对全部数据进行全面的分析和审查,避免了抽样误差的影响,增强了审计的准确性。最后,大数据技术可以帮助企业快速定位问题。在内部审计中,发现问题只是第一步,更关键的是要能够快速定位问题并采取有效的解决措施。通过大数据技术,企业可以对审计结果进行深入的分析和挖掘,快速地找到问题的根源和影响范围,从而制订更加精准和有效的解决方案。这种快速定位问题的能力可以帮助企业及时发现和解决潜在的风险,避免问题扩大化。

第二节　大数据时代下的企业运营

一、大数据时代对企业运营的影响

（一）数据驱动决策

在大数据时代,企业所面临的数据量呈现出爆炸性的增长。这些数据来自各种来源,包括企业内部运营数据、市场调研、消费者行为、社交媒体等。这些数据资源为企业提供了前所未有的机会,使得企业能够更加精准地了解市场趋势、消费者需求和竞争对手动态,进而制定更加科学、合理的经营策略。首先,大数据为企业提供了更加全面的市场分析工具。通过对大量数据的收集和分析,企业可以了解市场趋势和发展方向,从而把握市场机会。这些数据可以帮助企业发现潜在的市场需求,预测未来的市场变化,以及评估竞争对手的策略和动态。这种全面的市场分析为企业提供了决策的依据,使企业能够更加精准地制定市场策略和产品定位。其次,大数据为企业提供了更加深入的消费者洞察。消费者行为数据是大数据的重要组成部分,通过对这些数据的分析,企业可以更加准确地了解消费者的需求、偏好和行为模式。这种深入的消费者洞察帮助企业制定更加符合消费者需求的营销策略,提供更加个性化的产品和服务体验。这种以消费者为中心的营销策略不仅提高了企业的销售业绩和市场占有率,还进一步提升了消费者的忠诚度和品牌价值。此外,大数据还为企业提供了更加准确的决策支持。传统的决策方式往往基于有限的数据和经验,而大数据则为企业提供了更加全面、准确的数据支持。通过对数据的挖掘和分析,企业可以发现数据之间的关联和规律,预测未来的市场趋势和业务发展。这种基于数据的决策方式提高了企业的决策效率和准确性,减少了决策风险和不确定性。

(二) 个性化营销

在大数据时代,个性化营销已经成为企业营销策略的重要组成部分。通过对消费者数据的深入分析,企业可以全面了解消费者的购买习惯、偏好、需求等信息,进而为消费者提供定制化的产品或服务。这种个性化营销不仅满足了消费者的需求,还进一步提高了企业的销售业绩和市场占有率,为企业的可持续发展奠定了坚实基础。首先,大数据为企业提供了丰富的消费者数据资源。传统的消费者调研方式往往存在样本量小、覆盖面窄等问题,而大数据则为企业提供了全方位、多维度的消费者数据。这些数据包括消费者的购买记录、浏览记录、搜索记录、社交媒体互动等,涵盖了消费者的行为、偏好、兴趣等多个方面。通过对这些数据的分析,企业可以更加全面地了解消费者的需求和行为模式,为个性化营销提供有力支持。其次,大数据分析技术为企业提供了强大的数据处理能力。传统的数据处理方式难以应对大规模、复杂的数据集,而大数据分析技术则能够快速、准确地处理这些数据。通过运用数据挖掘、机器学习等技术,企业可以对消费者数据进行深入分析,发现数据之间的关联和规律,进而为消费者提供定制化的产品或服务。这种定制化的服务满足了消费者的个性化需求,提高了消费者的满意度和忠诚度。此外,大数据还为企业提供了实时反馈和动态调整的能力。在传统的营销方式中,企业往往难以实时跟踪市场反馈和调整营销策略。而大数据则为企业提供了实时的数据反馈和洞察市场变化的能力。企业可以根据市场反馈和数据变化及时调整营销策略和产品定位,提高了营销效果和销售业绩。这种动态调整的能力使企业能够更好地适应市场变化,抓住市场机遇。

(三)优化供应链管理

大数据在供应链管理中的应用已经成为企业提升运营效率和竞争力的关键手段。通过对供应链数据的全面分析,企业可以实时了解库存、物流、销售等情况,及时调整生产和配送计划,降低库存成本,提高运营效率。同时,大数据还可以帮助企业预测市场需求,提前做好准备,提高供应链的响应速度。这些优势为企业带来了巨大的商业价值。首先,大数据可以帮助企业实现库存优化管理。传统的库存管理方式往往存在库存积压、缺货等问题,导致库存成本过高和运营效率低下。而通过大数据分析,企业可以实时了解库存情况,掌握库存变化规律,预测未来的库存需求。基于这些数据,企业可以制订更加合理的生产和配送计划,降低库存成本,提高运营效率。同时,企业还可以及时发现和解决库存问题,避免因缺货或积压导致的损失。其次,大数据可以帮助企业实现物流优化管理。物流是企业运营的重要组成部分,物流效率的高低直接影响企业的运营效率和客户满意度。通过大数据分析,企业可以实时了解物流情况,掌握物流运输的规律和趋势。基于这些数据,企业可以制订更加合理的运输计划和配送路线,提高物流效率,减少运输成本。同时,大数据还可以帮助企业及时发现和解决物流问题,如运输延误、损坏等,确保物流运输的顺利进行。此外,大数据还可以帮助企业预测市场需求。市场需求是企业供应链管理的重要依据,预测准确与否直接影响企业的生产和销售业绩。通过大数据分析,企业可以了解市场需求的动态变化和趋势,预测未来的市场需求。基于这些数据,企业可以提前做好生产和库存准备,提高供应链的响应速度和灵活性。这种预测市场需求的能力为企业提供了重要的竞争优势和商业机会。

(四)创新商业模式

大数据时代为企业带来了前所未有的商业机会和挑战,促使企业不断创新商业模式以适应市场的变化和满足消费者的需求。在金融科技、医疗健康等领域,基于大数据的新兴商业模式不断涌现,为企业带来了新的增长点和发展机遇。首先,金融科技领域是大数据应用的重要领域之一。传统的金融业务模式往往存在信息不对称、效率低下等问题,而大数据技术的应用则为金融业带来了新的商业模式和解决方案。例如,基于大数据的信用评估系统可以帮助金融机构更加准确地评估借款人的信用风险,降低坏账率;基于大数据的智能投顾系统可以根据投资者的风险偏好和资产状况,提供更加个性化的投资建议和资产配置方案;基于大数据的保险欺诈检测系统可以帮助保险公司更加快速地识别和预防保险欺诈行为。这些新兴商业模式充分利用大数据的优势,提高了金融服务的效率和质量,满足了消费者的个性化需求,为金融业带来了新的增长点。其次,医疗健康领域也是大数据应用的重要领域之一。随着人们健康意识的增强和医疗技术的不断发展,医疗健康领域的数据量呈现出爆炸性的增长。这些数据包括患者的医疗记录、健康状况、基因信息等,通过对这些数据的分析,可以发现疾病的规律,预测疾病的发生风险,制订更加个性化的治疗方案。基于大数据的智能诊断系统可以根据患者的症状和检查结果,快速准确地诊断疾病;基于大数据的个性化治疗方案可以为患者提供更加个性化的治疗建议和药物推荐;基于大数据的远程监控系统可以实时监测患者的健康状况,为患者提供更加及时的医疗服务。这些新兴商业模式充分利用大数据的优势,提高了医疗服务的效率和质量,满足了患者的个性化需求,为医疗健康领域带来了新的发展机遇。

除了金融科技和医疗健康领域,大数据还在其他领域催生了许多新兴商业模式。例如,在智能制造领域,基于大数据的智能生产系统可以根据市场需求和生产状况,实现智能化的生产调度和资源配置;在智慧城市领域,基于大数据的城市管理平台可以实现城市资源的优化配置和管理,提高城市治理的效率和居民的生活质量;在电商领域,基于大数据的个性化推荐系统可以根据消费者的购物记录和兴趣偏好,提供更加个性化的商品推荐和服务体验。这些新兴商业模式充分挖掘了大数据的价值,为企业带来了新的增长点和竞争优势。

然而,企业在探索和实施基于大数据的商业模式时也需要注意一些问题。首先,数据的安全和隐私保护是关键问题。企业需要采取有效的措施保护消费者的隐私和数据安全,防止数据泄露和滥用。其次,企业需要关注商业模式的合规性和可持续性,确保业务发展符合法律法规和社会道德规范。

二、大数据时代下企业运营策略

(一)建立文化数据

为了更好地应对市场的挑战和机遇,企业需要建立数据文化,将数据作为决策的重要依据。通过培养员工的数据意识和数据素养,以及建立完善的数据治理体系,企业可以确保数据的准确性和可靠性,进一步提高决策效率和准确性。首先,培养员工的数据意识和数据素养是建立数据文化的关键。企业需要让员工认识到数据在决策中的重要性,了解数据的基本概念、特点和作用。通过培训和教育,提高员工的数据分析能力和运用数据的意识,使他们能够从海量数据中挖掘出有价值的信息,为决策提供有力支持。同时,企业还需要鼓励员工勇于运用数据进行决策,培养他们的数据驱动思维,提高决策效率和准确性。只有当整个企业都具备了数据意识和数据素养,才能真正实现数据驱动的决策模式。其次,建立完善的数据治理体系是确保数据质量的重要保障。企业需要制定明确的数据标准和管理规范,确保数据的准确性和可靠性。通过完善的数据治理体系,企业可以有效地提高数据的价值和使用效率。

(二)跨界合作与共赢

随着市场竞争的加剧和消费者需求的多样化,企业需要打破传统的行业界限,积极寻求与自身业务相关的合作伙伴,通过数据共享和资源整合,共同开发新产品和服务,以更好地满足市场需求。跨界合作可以帮助企业拓展业务范围,扩大市场份额。通过与不同行业的合作伙伴联合,企业可以借助对方的优势资源和经验,快速进入新的市场领域。同时,跨界合作还可以促进企业创新,激发新的商业灵感和创意。不同行业的思维碰撞可以为企业带来更多的发展机会和竞争优势。在跨界合作中,数据共享是关键。企业需要与合作伙伴共同制定数据交换的标准和协议,确保数据的准确性和安全性。通过数据共享,企业可以深入了解市场需求和消费者行为,进一步挖掘数据的价值。同时,数据共享还有助于企业与合作伙伴之间建立互信关系,促进更深层次的合作。

除了与合作伙伴进行跨界合作,企业还要关注产业链上下游的发展,与供应商和客户建立紧密的合作关系。在供应链管理方面,企业需要与供应商保持密切沟通,确保原材料和零部件的供应稳定。通过实时数据共享,企业可以了解供应商的生产情况,及时调整生产和配送计划,降低库存成本和运营风险。与客户建立紧密的合作关系也是跨界合作的重要方面。企业需要深入了解客户需求,提供个性化的产品和服务。通过数据分析,企业可以发现客户的消费习惯和偏好,提供更加精准的营销和服务。同时,企业还要关注客户反馈,及时解决问题和改进产品,提高客户满意度和忠诚度。为了更好地实现跨界合作与共赢发展,企业还需要建立开放的心态和合作意识。企业需要打破传统的竞争观念,积极寻找合作伙伴,共同发展壮大。

（三）注重数据安全与隐私保护

对于企业而言,如何确保数据的安全与合规性已成为一项至关重要的任务。企业需要从制度、技术和管理等多个层面入手,建立完善的数据安全防护体系。首先,企业需要建立健全的数据安全管理制度。这包括制定严格的数据分类和分级标准,明确各类数据的保密要求和访问权限。企业应建立数据使用和共享的规范流程,确保数据的合法合规使用。同时,企业还需要建立数据安全事件的应急响应机制,以便在发生数据泄露或攻击事件时能够迅速做出反应,降低损失。其次,企业需要加强数据安全技术的研究和应用。数据加密技术是保障数据安全的重要手段,通过对敏感数据进行加密处理,可以有效防止数据泄露和被攻击的风险。另外,数据脱敏技术也可以用于处理敏感数据,通过脱敏处理后的数据可以降低敏感度,增强数据使用的安全性。此外,企业还需要加强网络安全防护,建立防火墙、入侵监测等安全设施,防止外部攻击和非法入侵。

第三节　大数据时代下财务共享服务中心和优化创新研究

一、大数据时代为财务共享服务中心带来的机遇与挑战

随着大数据技术的快速发展,企业财务管理正面临着前所未有的变革。财务共享服务中心(FSSC)作为企业财务管理的重要模式,也受到了大数据时代的深刻影响。大数据技术为FSSC带来了更高效、更准确的数据处理和分析能力,为企业提供了更全面的信息支持。然而,与此同时,大数据时代的来临也给FSSC带来了数据安全和隐私保护等新的挑战。

(一)大数据时代为FSSC带来的机遇

1. 全面信息支持

在大数据时代,数据已经成为企业决策的重要依据。然而,传统的数据处理和分析方法往往难以应对大规模、复杂的数据,导致企业难以获取全面、准确的信息。而大数据技术的出现,为FSSC提供了一种全新的解决方案。大数据技术可以帮助FSSC获取更全面、更准确的信息。通过数据挖掘和分析技术,FSSC可以深入挖掘数据中的潜在价值,发现数据之间的潜在联系和规律,从而获取更加全面、准确的信息。相比于传统的数据处理方法,大数据技

术可以处理更加复杂、多样的数据类型,包括文本、图片、视频等非结构化数据,为企业提供更加全面、准确的信息。

通过大数据技术,FSSC 可以更好地理解市场和客户需求。通过对市场和客户的海量数据进行分析,FSSC 可以发现市场和客户的潜在需求和行为模式,从而更好地把握市场和客户的动向。这些信息可以为企业的市场策略、产品研发、客户服务等方面提供更加科学、合理的决策依据。此外,大数据技术还可以帮助 FSSC 更好地了解业务运营情况。通过对企业内部运营数据的分析和挖掘,FSSC 可以发现运营中存在的问题和改进点,提出更加有效的解决方案。这有助于企业提高运营效率、降低成本、优化资源配置等方面的工作。通过大数据技术,FSSC 可以为企业提供更加科学、合理的决策依据。基于对数据的深入挖掘和分析,FSSC 可以为企业提供更加精准的市场预测、用户画像、风险评估等方面的支持。这些信息可以帮助企业更好地把握市场机遇和应对挑战,从而做出更加明智的决策。

通过加强对数据的整合和管理、采用合适的数据挖掘和分析方法和技术、加强与业务部门的合作和沟通以及建立完善的数据安全和隐私保护体系等措施的落实和执行。

2. 业务流程的自动化和智能化

在大数据时代,数据已经成为企业决策的重要依据。而大数据技术的出现,为 FSSC 提供了一种全新的解决方案。大数据技术可以帮助 FSSC 获取更全面、更准确的信息。通过大数据技术,FSSC 可以构建自动化流程,将原本需要人工操作的环节交由机器来完成。这不仅可以大幅提高 FSSC 的工作效率和质量,降低人为错误和信息失真的风险,还可以减少对人力资源的依赖,降低成本。利用自动化流程,FSSC 可以实现智能化的财务管理。例如,通过自动化报销系统,FSSC 可以将报销流程自动化,员工可以通过系统提交报销申请,系统自动审核申请的合规性和准确性,避免了人工审核的烦琐和误差。

同时,通过大数据技术,FSSC 可以实现智能化的财务分析,对企业的财务数据进行深入挖掘和分析,提供更加科学、合理的财务分析和预测。除了实现业务流程的自动化和智能化外,大数据技术还可以帮助 FSSC 更好地监测和预警财务风险。通过对企业内外部数据的实时监测和分析,FSSC 可以及时发现潜在的财务风险和欺诈行为,提高企业的风险防范能力。同时,通过大数据技术,FSSC 还可以建立完善的预警系统,对财务风险进行预警和预测,为企业提供更加及时、准确的风险管理支持。为了更好地应用大数据技术实现业务流程的自动化和智能化,FSSC 需要采取一系列的措施。

(二)大数据时代给 FSSC 带来的挑战

1. 数据安全和隐私保护

在大数据时代,数据已经成为一种宝贵的资源,广泛应用于各个领域。然而,随着数据量的爆炸性增长,数据安全和隐私保护问题也日益突出。数据泄露、数据滥用、数据被攻击等事件频频发生,给个人和企业带来了巨大的损失。因此,数据安全管理和隐私保护措施成为 FSSC(财务共享服务中心)必须重视的问题。首先，FSSC 需要建立完善的数据安全管理制度，明确数据的采集、存储、使用、加工、公开等全流程管理要求。要确保数据的完整性、可用性和保密性，必须采取一系列的安全控制措施，如数据加密、访问控制、安全审计等。同时，要定期对数据安全管理制度进行审查和更新，以应对不断变化的威胁和风险。其次，FSSC 需要加强数据的隐私保护。在处理个人敏感信息时，要严格遵守相关法律法规的要求，确保个人隐私不被侵犯。要采取合适的脱敏、去标识化等技术手段，对敏感数据进行处理，以保护个人隐私。同时，要加强对员工的隐私保护培训，增强员工的隐私保护意识。另外，FSSC 还需要加强数据的安全监控和应急响应。要建立完善的安全监控体系，实时监测数据的访问和使用情况，及时发现和处置安全事件。同时，要制定应急响应预案，定期进行演练，确保在发生数据安全事件时能够及时响应和处理。除此之外，FSSC 还需要加强与供应商的合作，共同保障数据的安全和隐私。

在与供应商合作时，要明确供应商对数据的保护责任和义务，建立完善的数据安全传输和存储机制。同时，要加强对供应商的监督和评估，确保供应商能够提供符合要求的数据安全和隐私保护服务。总之，在大数据时代，FSSC 必须加强数据安全管理和隐私保护措施，以确保数据的合规性和安全性。要建立完善的数据安全管理制度、加强数据的隐私保护、加强数据的安全监控和应急响应以及加强与供应商的合作。只有这样，才能有效地应对数据安全和隐私保护的挑战，保障企业和个人的合法权益。为了实现这一目标，FSSC 需要采取一系列的具体措施。首先，要加强对员工的培训和教育,增强员工的数据安全和隐私保护意识。要让员工充分认识到数据安全和隐私保护的重要性,了解相关法律法规的要求,掌握必要的安全技能和知识。同时,要建立健全的奖惩机制,对违反数据安全和隐私保护规定的员工进行严肃处理。其次,FSSC 需要采用先进的技术手段来保障数据的安全和隐私。例如,可以采用加密技术来保护数据的机密性,采用访问控制技术来限制对数据的访问权限,采用安全审计技术来监测数据的异常行为。此外,还可以采用数据脱敏、去标识化等技术手段来隐藏敏感数据的真实信息,保护个人隐私。

2. 数据质量和管理

在大数据时代,数据的种类和来源多样化,使得数据的质量参差不齐。数据的准确性、完整性、及时性和一致性等方面的质量问题一直是 FSSC 面临的一个挑战。因此,FSSC 需要采取一系列措施来保证数据的准确性和完整性。首先,FSSC 需要建立完善的数据质量管理体系。要明确数据质量管理的要求和标准,制定数据质量规划和控制策略,建立健全的数据质量监控和校验机制。同时,要加强对数据质量的检测和评估,及时发现和解决数据质量问题。其次,FSSC 需要采取合适的清洗和整合技术,对原始数据进行处理。在处理过程中,要消除重复数据、纠正错误数据、补充缺失数据,以提高数据的质量。同时,要根据业务需求和数据特点,制定合适的数据映射和转换规则,实现数据的标准化和规范化。另外,FSSC 还需要加强与业务部门的沟通和协作。

同时,要加强与业务部门的合作,共同参与数据质量管理过程,确保数据的准确性和完整性。此外,随着数据量的增长,如何有效地管理和利用数据也成为一个重要的问题。FSSC 需要采取一系列措施来提高数据处理效率和管理水平。例如,可以采用分布式存储和计算技术,提高数据处理速度和存储能力;可以采用数据挖掘和机器学习技术,对数据进行深度分析和预测;可以采用数据可视化技术,直观地展示数据结果和趋势。

为了实现这些目标,FSSC 需要采取以下具体措施:第一,建立完善的数据字典和元数据管理系统。要加强对数据的分类和组织,建立完善的数据字典和元数据管理系统,实现数据的标准化和规范化。同时,要加强对元数据的维护和管理,确保元数据的准确性和完整性。第二,优化数据处理流程和算法。要根据业务需求和数据特点,选择合适的算法和数据处理方法,优化数据处理流程。同时,要加强对数据处理过程的监控和管理,确保数据处理效率和质量。第三,建立完善的数据安全和隐私保护体系。要确保数据的机密性、完整性和可用性,建立完善的数据安全和隐私保护体系。同时,要加强对数据的监控和管理,防止数据泄露和被攻击。第四,加强与业务部门的合作和沟通。同时,要加强与业务部门的合作和沟通,共同参与数据处理和管理过程。第五,建立完善的数据备份和恢复机制。要确保在发生数据丢失或损坏时能够及时恢复数据,减少损失。同时,要加强与相关机构的合作和沟通,建立健全的数据备份和恢复机制。

3. 技术和人才需求

在大数据时代,数据技术的应用需要相应的技术和人才支持。

FSSC 作为企业的数据处理和分析中心,需要具备相关的大数据技术和知识,以便更好地应对大数据的挑战和机遇。

（1）FSSC 需要掌握相关的大数据技术,包括数据采集、存储、处理、分析和可视化等方面的技术。这些技术可以帮助 FSSC 更好地处理和分析大数据,提取有价值的信息和知识。例如,FSSC 可以采用分布式存储技术来存储海量数据,采用实时处理技术来处理流数据,采用数据挖掘和机器学习技术来分析和预测数据。其次,FSSC 需要具备相关的大数据知识,包括大数据的基本概念、原理和应用等方面的知识。这些知识可以帮助 FSSC 更好地理解大数据的特性和应用场景,从而更好地应用大数据技术。例如,FSSC 需要了解大数据的特点和优势,了解大数据的应用场景和发展趋势,了解大数据的处理和分析流程等。除了技术和知识方面的支持外,FSSC 还需要建立相应的团队来支持大数据技术的应用和发展。这个团队应该具备相关的大数据技术和知识,并能够独立地完成数据处理和分析任务。同时,这个团队还应该具备创新意识和合作精神,能够不断探索新的数据处理和分析方法,并与业务部门和其他部门进行良好的沟通和合作。

（2）建立完善的知识共享和交流机制,促进团队成员之间的知识和经验共享。此外,还要建立健全的绩效评估和激励机制,激发团队成员的积极性和创造力。

综上所述,数据技术的应用需要相应的技术和人才支持。通过掌握相关的大数据技术和知识、建立相应的团队、加强培训和交流、建立绩效评估和激励机制等措施的落实和执行,FSSC 可以更好地应对大数据时代的挑战和机遇。

二、财务共享服务中心优化和创新

（一）数据治理与质量管理

在大数据时代背景下，FSSC（财务共享服务中心）的数据治理和质量管理变得尤为重要。这是因为大数据不仅带来了海量的数据资源，也带来了数据复杂性和多样性的挑战。首先，数据治理是确保 FSSC 数据质量的基础。企业需要明确数据的来源，并制定严格的数据标准和控制流程。数据治理涉及数据的采集、存储、处理、应用和安全等多个方面。为了实现这一目标，企业需要对数据进行清洗、整合和分类管理。清洗数据是为了消除错误和重复信息，确保数据的准确性和一致性；整合数据是将不同来源和格式的数据进行整合，形成一个完整的数据视图；分类管理则是根据数据的性质和用途，将其分为不同的类别，以便更好地管理和应用。其次，建立数据质量管理体系是 FSSC 应对大数据挑战的关键。数据质量管理体系包括数据质量标准的制定、数据质量的监控和改进等环节。企业需要制定详细的数据质量标准，如数据的准确性、完整性、一致性和及时性等。同时，企业需要建立数据质量监控机制，定期检查数据的质量，及时发现和解决问题。此外，企业还需要建立数据质量的改进机制，通过持续的数据质量改进，增强数据的准确性和完整性。除了数据治理和质量管理外，FSSC 还需要采取其他措施来应对大数据时代的挑战。同时，FSSC 需要提高数据处理和分析能力，通过引入先进的大数据技术和工具，提高数据处理效率和质量。此外，FSSC 还需要加强人才队伍建设，培养具备大数据技术和财务管理知识的复合型人才。

（二）智能化决策支持

在大数据时代,数据已经成为企业决策的关键要素。FSSC 作为企业财务管理的重要机构,其决策支持的智能化程度对于企业的决策效率和准确性具有至关重要的影响。而大数据技术正是实现 FSSC 智能化决策支持的重要工具。首先,通过数据挖掘和分析技术,FSSC 可以对海量的数据进行分析和处理,深入挖掘数据中的潜在价值。数据挖掘技术可以帮助 FSSC 发现数据之间的潜在联系和规律,从而揭示出企业财务状况和业务发展趋势。通过数据分析技术,FSSC 可以对数据进行多维度、多层次的分析,从数据中提炼出对企业决策有用的信息。这不仅有助于企业更好地了解市场、客户需求和竞争状况,还能帮助企业识别出潜在的风险和机会,从而做出更加科学、合理的决策。其次,FSSC 可以利用机器学习等技术实现预测模型的构建和优化。预测模型是基于历史数据和算法模型,对未来的趋势进行预测和估计。机器学习技术可以通过对大量数据的自动学习和分析,不断优化预测模型的准确性和可靠性。通过机器学习技术,FSSC 可以对企业的财务状况进行趋势分析和预测,为企业制订战略规划和业务计划提供有力支持。此外,大数据技术还可以帮助 FSSC 实现实时决策支持。传统的决策支持系统往往是基于静态的数据和固定的模型,难以适应市场的快速变化。而大数据技术可以实现数据的实时采集和处理,让 FSSC 能够及时获取最新的市场信息和业务数据。这使得 FSSC 能够更加快速地响应市场的变化,及时调整企业的决策方向和策略。

（三）自动化与智能化业务流程

在大数据和人工智能技术的驱动下，FSSC（财务共享服务中心）的业务流程正在经历一场深刻的变革。传统的业务流程正在被重新定义，自动化的浪潮正席卷而来，而人工智能技术的引入，使得 FSSC 的财务管理更加智能化。首先，大数据技术为 FSSC 提供了海量的数据资源，使得企业可以更加全面地了解市场、客户和业务情况。通过数据的分析，企业可以洞察出市场的发展趋势和客户的需求变化。利用这些数据，FSSC 可以进行业务流程的优化和改进，提高工作效率和质量。利用大数据技术，FSSC 可以实现业务流程的自动化。传统的业务流程往往依赖于人工操作，不仅效率低下，而且容易出错。通过自动化流程的构建，FSSC 可以将重复性、标准化的工作交给机器来完成，从而大幅提高工作效率和质量。例如，在报销流程中，通过自动化的系统，员工可以快速提交报销申请，系统会自动对发票进行审核、归类和核算，大幅缩短了报销周期，提高了工作效率。

同时，人工智能技术的引入，使得 FSSC 的财务管理更加智能化。人工智能技术可以对大量的数据进行深度分析和学习，从中提取出有价值的信息和知识。利用这些信息和知识，FSSC 可以进行智能化的决策和预测。例如，通过机器学习技术，FSSC 可以对企业的财务数据进行学习和分析，自动识别出异常交易和潜在的风险点，为企业提供预警和防范措施。此外，智能化的财务管理还可以提高工作效率和准确性。例如，智能审核技术可以对大量的凭证进行自动审核，快速准确地识别出合规问题和风险点，避免了人工审核的疏漏和错误。除了提高效率和准确性,业务流程的自动化和智能化还可以降低人为错误和信息失真的风险。在传统的业务流程中,人为操作是导致错误和信息失真的主要原因之一。而通过自动化和智能化的流程,FSSC 可以减少人为干预和操作失误,确保信息的准确性和完整性。

(四)数据安全与隐私保护

对于 FSSC 而言,保障数据安全和隐私是至关重要的任务,它关系到企业的声誉、客户信任以及合规性。首先,企业必须建立一套完善的数据安全管理制度。这包括制定严格的数据访问控制政策,明确数据的分级与分类管理,以及设定适当的权限和审批流程。对于敏感数据,如客户个人信息、银行账户等,更需要实施特别的保护措施,如加密存储、限制访问等。此外,隐私保护机制的建立也是不可或缺的。企业需要明确数据的收集、存储和使用原则,确保只在合法、合规的范围内使用数据。同时,对于数据的跨境传输,企业需要遵守相关法律法规,确保数据传输的安全性和合规性。为了确保数据安全与隐私保护的有效性,企业还需要采取一系列技术措施。数据的加密是基础的安全措施之一,可以有效防止数据被非法获取和窃取。同时,数据的备份和恢复机制也是必要的,可以防止数据因意外丢失或损坏。另外,访问控制也是关键的安全措施。企业需要实施严格的身份验证机制,确保只有经过授权的人员才能访问数据。对于异常访问或操作,系统应能够实时监控和报警,以便及时发现和处理安全事件。然而,仅有技术措施是不够的,员工的数据安全意识和培训同样重要。企业需要定期开展数据安全培训,让员工了解数据安全和隐私保护的重要性,明确自己的责任和义务。同时,企业还需要对员工进行数据安全技能的培训,提高他们应对安全事件的能力。

参 考 文 献

[1]傅小英. 试论税收筹划在现代企业财务管理中的作用 [J]. 商场现代化, 2024 (01): 168-170.

[2]唐婷. 关于加强现代企业财务会计管理的若干思考 [J]. 今日财富, 2023 (24): 149-151.

[3]吴海萍. 财务管理转型下企业财务信息化系统的发展和建设 [J]. 中国集体经济, 2023 (35): 141-144.

[4]黎莉莉. 业财融合对现代企业财务管理转型的作用与实践研究 [J]. 商讯, 2023 (24): 25-28.

[5]梁馨予. 税收筹划与现代企业财务管理工作研究 [J]. 中国产经, 2023 (20): 155-157.

[6]张善景. 税收筹划在企业财务管理和会计核算中的运用研究 [J]. 商场现代化, 2023 (15): 174-176.

[7]王明华. 税收筹划在现代企业财务管理中的应用研究 [J]. 财讯, 2023 (13): 4-6.

[8]任子艺, 王芳, 任雪晴. 纳税筹划在现代企业财务管理中的具体应用 [J]. 现代商贸工业, 2023, 44 (12): 67-69.

[9]许越. 论现代企业财务管理中的税收筹划 [J]. 活力, 2023 (07): 80-82.

[10]钟劼. 探究现代企业财务管理下运用税收筹划时应注意的问题 [J]. 活力，2023 (05)：61-63.

[11]徐昊. 现代企业财务管理中税收筹划的应用探究 [J]. 中国农业会计，2023, 33 (04)：52-54.

[12]廖文清. 税收筹划在现代企业财务管理中的作用探析 [J]. 商业 2.0，2023 (02)：37-39.

[13]何丽宏. 论现代企业财务管理中的税收筹划 [J]. 中国市场，2023 (01)：133-135.

[14]郝文英. 探析税收筹划在现代企业单位财务管理中的作用 [J]. 商业经济，2022 (09)：163-165.

[15]隋娜娜. 现代企业财务管理中的税收筹划问题研究 [J]. 中国集体经济，2021 (10)：147-148.

[16]孙慧. 财务共享模式下企业财务转型路径探究 [J]. 企业研究，2024 (01)：53-56.

[17]于芯. 以税收营商环境之"优" 促地方经济发展之"稳"[N]. 辽源日报，2024-01-11 (02).

[18]刘婷梅. 国有企业财务共享服务中心建设的困境及其优化策略 [J]. 现代商贸工业，2024, 45 (03)：70-71.

[19]张行,张学升. 税收信息化建设与企业税收负担:基于金税三期的准自然实验 [J/OL]. 云南社会科学，2024 (01)：1-9.

[20]王燚风.新会计制度下行政事业单位财务管理的研究[J].品牌研究，2023(33):229-231.

[21]邱伏龙. 财务共享模式下企业业财融合发展研究 [J]. 中国集体经济，2024 (01)：37-40.

[22]时歆姝.财务共享服务在企业成本控制中的应用研究[J].中国集体经济,2024（01）：77-80.

[23]林露,黄峰华,李晓晨等.财务共享服务中心建设思考[J].合作经济与科技,2024（04）：158-160.

[24]杨敏.私募股权基金公司的税务筹划与风险管理研究[J].中国产经,2023（24）：135-137.

[25]季素娟.新会计准则对企业税务管理与筹划的影响[J].纳税,2023,17（36）：16-18.

[26]张天龙.企业税务筹划研究[J].纳税,2023,17（36）：40-42.

[27]祝昊宇.事业单位职工个人所得税纳税筹划分析[J].商讯,2023（24）：191-194.

[28]侯亚洁.减税降费背景下中小企业纳税筹划研究[J].商业观察,2023,9（35）：84-87.

[29]黄舒.国有企业应该如何进行个人所得税税务筹划[J].中国商界2023（12）：186-187.

[30]杨敏.企业税务风险的管理[J].纳税,2023,17（35）：37-39.